Guia Prático das Assembleias Gerais

OBRAS DO AUTOR:

África, Colonialismo e Socialismo, Seara Nova, 1974

O que foi a Descolonização Portuguesa?, editora Apúl, 1976

Apartheid em Crise, Seara Nova, 1977

27 de maio: Síndroma de Angola, em colaboração com João Van Dunen, edição de autor, 1977

Guia do Autarca, Almedina, 2006, 3ª edição

Cobrança Judicial de Dívida, Injunções e Respectivas Execuções, Almedina, 2018, 8ª edição

Consórcio, ACE e Outras Figuras, Almedina, 2007

Atos Notariais dos Advogados e Solicitadores, Almedina, 2017, 6ª edição

Menores, Almedina, 2009

Custas Processuais, Almedina, 2009, 2ª edição

Execução de Empreitadas de Obras Públicas, Almedina, 2013

Prática Processual Civil, Almedina, 2017, 10ª edição

Contencioso Administrativo, Almedina, 2018, 2ª edição

Responsabilidade dos Gerentes e Administradores, Almedina, 2018, 2ª edição

Guia Prático das Assembleias Gerais

ASSOCIAÇÕES, CONDOMÍNIOS, SOCIEDADES COMERCIAIS E AUTARQUIAS

2019 · 2ª Edição

Edgar Valles
Advogado

ALMEDINA

GUIA PRÁTICO DAS ASSEMBLEIAS GERAIS
ASSOCIAÇÕES, CONDOMÍNIOS, SOCIEDADES COMERCIAIS
E AUTARQUIAS

AUTOR
Edgar Valles

EDITOR
EDIÇÕES ALMEDINA, S.A.
Rua Fernandes Tomás, nºs 76, 78 e 80
3000-167 Coimbra
Tel.: 239 851 904 · Fax: 239 851 901
www.almedina.net · editora@almedina.net

DESIGN DE CAPA
FBA.

EDITOR
EDIÇÕES ALMEDINA, S.A.

IMPRESSÃO E ACABAMENTO

Janeiro, 2019

DEPÓSITO LEGAL

ALMEDINA | GRUPOALMEDINA

BIBLIOTECA NACIONAL DE PORTUGAL – CATALOGAÇÃO NA PUBLICAÇÃO

VALES, Edgar, 1953-

Guia prático das assembleias gerais : associações, condomínios,
sociedades comerciais e autarquias. – 2ª ed. – (Guias práticos)
ISBN 978-972-40-7766-6

CDU 347

PREFÁCIO

Aceitar o desafio para apresentar e prefaciar um livro é sempre uma enorme e delicada responsabilidade: para com quem o vai ler, para com quem o escreveu e para fazer justiça ao conteúdo da obra.

Do autor talvez fosse dispensável aprofundar referências, em especial para o público mais familiarizado com as questões jurídicas. Mas, destinando-se o livro a uma audiência mais vasta, fará porventura sentido. Além de que ditam os usos nas apresentações de livros que tal se faça, por ser da mais elementar justiça para o imenso trabalho que representa chegar à publicação. E porque, quando se fala de um livro ou sobre ele se escreve, referenciar o autor e situá-lo perante o fruto do seu trabalho é começar pelo princípio, pela pessoa que tomou a iniciativa de o conceber e escrever. É, no fundo situar o texto no contexto da autoria que lhe deu forma e conteúdo.

Falar de Edgar Valles é falar de alguém com experiência e competência jurídica alargada, em diferentes vertentes, desde o aconselhamento jurídico, à consultoria e à barra do tribunal. E com um lastro também de pensamento e de trabalho em muitos contextos, públicos e privados, e diferentes áreas do direito.

O autor tem, aliás, um trajeto de vida de grande riqueza e diversidade, em Portugal e em diferentes latitudes e longitudes. Com um empenhamento cívico conhecido e que se estende por várias décadas – inclusive, aliás, com um papel ativo na luta pela criação do próprio município de Odivelas, que completa 20 anos precisamente em 2018. Nesse contexto, e desde então, Edgar Valles tem sido um autarca de relevo, em particular em órgãos deliberativos cuja base organizacional e processual é justamente a das assembleias municipais e de freguesia.

Acresce a este percurso, além da reflexão em colaboração regular em órgãos de comunicação social nacionais e regionais, um assinalável currículo como autor na área do direito e numa editora de referência nas ciências jurídicas em Portugal, como é a Almedina.

A este respeito, os últimos dez anos foram particularmente profícuos, de intensa atividade editorial e em domínios muito diversos – como o contencioso administrativo, as cobranças judiciais, as custas processuais, o direito de menores. Entre vários outros, cuja enunciação será dispensável, mas que consta de resto das próprias edições.

O presente livro não é, portanto, um fruto isolado nem fortuito, mas antes a consolidação de um trajeto editorial e de afirmação enquanto autor jurídico que importa assinalar.

Talvez por isso, basta pegar no livro e consultá-lo para perceber que todo este trajeto de publicação, pensamento e trabalho sobre questões jurídicas culmina de certa forma nesta obra sobre as assembleias gerais, em forma de guia prático, um livro que revela maturidade e mestria na construção face aos objetivos que se propõe atingir. E que, precisamente por isso, será uma enorme mais-valia para todos aqueles que o venham a utilizar, seja enquanto leitura de introdução ao tema, por razões académicas, cívicas ou de interesse geral, seja como objeto de consulta enquanto instrumento de trabalho ou para consulta sobre um aspeto específico.

Acredito que este livro é de uma enorme utilidade, por vários motivos que procurarei resumir.

Em primeiro lugar, porque vem preencher uma lacuna numa área menos trabalhada e menos explorada da literatura jurídica. É um tema sobre o qual existem escassas publicações, destacando-se entre elas a obra histórica de referência de Roque Laia, o "Guia das Assembleias Gerais", que constituiu fonte de ensinamentos a várias gerações. Mas que é também um trabalho que, hoje, já merece atualização e complemento.

De facto, o tema das assembleias gerais não tem sido objeto preferencial de abordagem, estudo e publicação. Pode mesmo dizer-se que se trata de uma área desvalorizada no quadro nas ciências jurídicas, talvez por não corresponder propriamente a uma área magna do direito.

Por outro lado, tal desvalorização é de certo modo surpreendente, uma vez que constitui uma forma social, política e jurídica tão importante e tão transversal em diferentes domínios da nossa vida coletiva. Mas o certo é que a doutrina tem aprofundado talvez mais outras questões e a investigação académica ou é também escassa ou tem tido pouca saliência (por razões eventualmente análogas); e não estão disponíveis no mercado nem muitos livros teóricos, de recolha de fontes ou guias práticos, nem na verdade muitos instrumentos que ajudem a trabalhar sobre as assembleias gerais e a nelas participar.

Esta relativa rarefação será especialmente relevante para os fins a que se destina este livro. Porque evidentemente haverá doutrina, jurisprudência, investigação e trabalhos, porventura até um acervo significativo. Mas, para o público, para aqueles que não estão dentro dos meandros das ciências jurídicas e da prática profissional do direito, este é indubitavelmente um objeto com lacunas e com menor produção, seja académica, seja técnica, seja de divulgação.

Além do posicionamento dentro do campo, ele próprio fortemente hierarquizado, do direito, talvez exista como que um dado adquirido e uma certa ilusão de evidência e de naturalização social: na sua expressão aparente, processual ou performativa, uma assembleia não parece algo complexo. Bastaria, por isso, saber o essencial, seguir regras básicas e ter bom senso. Uma assembleia funciona, as pessoas reúnem-se, tomam deliberações, mas enquanto conceção (e enquanto prática, quando se funda apenas em tal senso comum) esta visão redunda muitas vezes num conjunto de equívocos, num funcionamento muito empírico, pouco rigoroso e em riscos reais de ineficiência, de inutilidade e até de eventual ilegalidade.

Esta desvalorização, tanto no direito como fora dele, é tanto muito surpreendente quando em muitas assembleias, mesmo aquelas que consideramos das mais pequenas ou menos valorizadas, menos "nobres", dentro do próprio espetro das assembleias gerais (como um condomínio, ou assembleias de associações de pequena dimensão), são tomadas deliberações estruturantes, com impactos de monta para as organizações a que se referem. E afetam, por isso, por vezes de modo muito significativo, a vida das pessoas singulares e coletivas, quer enquanto protagonistas quer enquanto terceiros.

Neste quadro, por todas estas razões, e para os mais leigos seguramente, mas também para todos aqueles que participam nestes processos de maneira mais profissional ou continuada, existir um livro que é assumidamente um guia prático e um mapa de como proceder e dos erros a evitar é da maior importância.

As assembleias gerais são uma forma de organização da vida social, de tomada de deliberações, que tem uma tradição e história milenar. História cujas origens remontará, aliás, aos primórdios dos próprios coletivos humanos e que se foi consolidando nas sociedades e civilizações mais complexas. Evidentemente, não com o grau de formalismo e de codificação das assembleias gerais contemporâneas, mas com uma aproximação lenta e gradual ao modelo jurídico-formal que veio a constituir-se e a tornar-se paradigmático nas nossas sociedades – mas com origem em "assembleias", reuniões coletivas com graus variáveis de hierarquização, de autoridade e de liberdade para expressão de dissensos.

Nas democracias liberais, podemos exprimir posições e trocar argumentos de uma forma livre. Nem sempre assim foi – nem é, nalgumas sociedades. Mas não deixa de ser simbólico, e relevante de um ponto de vista quase antropológico, que esta forma tão básica de organização das sociedades humanas e dos processos de decisão tenha percorrido toda a história. E que, ainda hoje, em sistemas societais de elevada complexidade, com um aprofundamento constante da codificação jurídica e social e da juridicização de tantos domínios da vida, elas se mantenham como a base dos processos decisórios e deliberativos.

Se pensarmos bem, toda a nossa vida se baseia em formas sociais que remetem para o conceito de "assembleia" – mesmo o que nós não consideramos enquanto tal, e que formalmente, do ponto de vista jurídico, não o seja. A vida social (e económica e política) é baseada em diálogo e interação permanente com outros, em rituais de "reunião", como muitos autores da sociologia têm sublinhado ao longo do último século. Pessoas que se reúnem à mesa de um café, quando conversam trocam informações, argumentos, formam ideias. Pessoas que se encontram numa reunião de trabalho para tomar decisões, mandatadas com poderes e limites específicos. Entidades que negoceiam para procurar obter pontos de equilíbrio que gere aceitação entre diferentes pretensões. E tantos outos exemplos que poderiam ser invocados.

Evidentemente, há muitas diferenças entre tais contextos e aquele que encontramos numa assembleia formalmente constituída e com regras, e enquadrada pelo direito aplicável. Mas, no fundo, estamos perante processos coletivos, de decisão, "assembleias" no sentido real de encontro, mas que também num sentido metafórico remetem para a ideia de uma conversa e de uma troca de argumentos e de construção de consensos (ou sedimentação de dissensos) na comunicação e nas ideias, decisões ou deliberações que resultam desses processos coletivos.

Esta diversidade de contextos em que existem assembleias, agora falando já no sentido mais estrito e jurídico do termo, é coberto pelo livro de Edgar Valles exemplarmente. Porque ele cobre assembleias que existem em domínios muito diferentes da vida social, económica e política, com fins e objetivos diferentes, com enquadramentos distintos, mas na verdade sob uma mesma forma, a da assembleia geral: associações de condomínios, sociedades comerciais; autarquias. Também no sentido jurídico do termo, e não é por acaso que assim é, este formato da assembleia abrange as decisões mais micro, de maior proximidade ao quotidiano, até aos processos mais complexos e com mais implicações macro em diferentes planos das nossas sociedades.

Assim, a relevância do tema é inquestionável. Até porque tem (a) uma enorme centralidade, porque é nodal nos processos de decisão coletiva e da sua validade, e com eles um instrumento essencial da coesão das organizações e dos coletivos; (b) uma infinita capilaridade, no sentido que têm lugar numerosas, incontáveis assembleias em sociedades tão complexas; e (c) uma enorme transversalidade, porque cobre campos sociais e domínios de valores e objetivos muito distintos.

Aliás, cada indivíduo é chamado, ao longo do seu percurso de vida, a participar, a ter um papel ativo, por vezes até mesmo a conduzir assembleias gerais – e nem sempre por sua vontade (por exemplo, se é nomeado para a administração do condomínio do seu prédio). Por isso, mesmo que nelas não participemos ativamente, a verdade é que somos muitas vezes parte potencial ou parte interessada nas deliberações de assembleias. Quanto mais não seja porque essas decisões nos vinculam enquanto parte de um coletivo – ou enquanto terceiro afetado positiva ou negativamente por essa decisão.

Por todas estas razões, e porque o livro faz um meritório e bem conseguido esforço para cobrir diferentes dimensões da vida social e coletiva, é de destacar o modo como é tratado o tema das assembleias, de um modo muito transversal e integrado, e reunindo num mesmo volume (e portanto, num mesmo instrumento), as muito diferentes formas ou domínios de aplicação de uma mesma génese, manifesta sob a forma de assembleia geral.

A este respeito, e no sentido mais estrito e formal, jurídico, do conceito, e que é no fundo o objeto da obra, o que está em causa é um processo de natureza deliberativa, em que a discussão e o diálogo entre diferentes partes só se faz com regras e com o uso destas regras. Que, dependendo do tipo de assembleia de que falamos, podem ser muito detalhadas e específicas.

Ora, assim sendo, é particularmente importante conhecer bem tais regras; quais devem ser observadas em diferentes tipos de assembleia; conhecer o seu enquadramento, a sua coerência na teoria e, por outro lado, saber como é que se pode e como é que não se pode usá-las.

Este ponto é particularmente crítico num livro que pretende – e consegue – ser um guia prático.

Porque, voltando momentaneamente às perspetivas sociológicas e neste caso ao conceito sociológico de regra, ao contrário do que muitas vezes estamos muito formatados para pensar, as regras não são (apenas) limitações, proibições, balizas para a admissibilidade da ação. São-no também, de facto. Mas, as regras não têm apenas este sentido limitador; pelo contrário, elas são também instrumentos que nos dizem o que podemos fazer, positivamente, não apenas como proscrições mas como prescrições. E dizem-nos não só o que podemos fazer mas também como, quando, com que efeito, com que limites. São no fundo elementos enquadradores da ação – pela negativa, enquanto limites, mas também pela positiva, enquanto ferramentas aceites e sancionadas coletivamente.

Por isso, o conhecimento das regras, enquanto limites mas também enquanto instrumentos, é crucial para que possamos tirar das assembleias o melhor partido – o melhor resultado coletivo, decerto, mas também o melhor resultado para o leitor do livro que nelas participa, através da destreza e proficiência do seu uso. Porque, mais do que limites formais, as regras são, na verdade, recursos que nós temos à disposição.

Assim, quem conhecer melhor as regras e quem as souber usar melhor, por exemplo em assembleias, estará seguramente mais capacitado para nelas participar e para colher os maiores benefícios. E ter participantes habilitados, competentes e ágeis no exercício das possibilidades abertas pelas regras garante também um melhor resultado agregado, para as discussões e procedimentos que ocorrem no decurso das próprias assembleias e para as decisões e deliberações que se quer tomar.

Esta destreza e proficiência no uso das regras aprofundam-se, obviamente, com a experiência e a prática. Mas elas só podem beneficiar de uma boa preparação, de um enquadramento adequado e coerente e, por maioria de razão, de ter à mão um "guia prático" que sirva como instrumento de navegação.

Neste sentido, o presente livro é uma obra de "banda larga", que promove o conhecimento de regras e o seu manuseamento por cada um de nós. É, por isso, uma obra de grande utilidade prática enquanto introdução aos aspetos básicos das assembleias gerais e sobretudo enquanto instrumento para nelas tomar parte, em diferentes papéis. É verdadeiramente um guia, no sentido mais nobre do termo. Sem deixar, pelo seu lado prático, de tocar aspetos muito diferentes e de permitir ao leitor perceber todas as dimensões do que é uma assembleia, de como se relaciona com outras instâncias e fontes de direito. Que componentes, que partes integra, que órgãos pode ter, como opera na prática.

Sendo uma obra bastante completa deste ponto de vista, não espanta que se destaque um outro aspeto que é uma mais-valia e que faz sentido salientar:

Este Guia permite uma leitura quase sequencial, da primeira à última página, para quem quiser ter uma introdução completa às assembleias gerais. Mas permite, também, consultas mais focadas sobre um tipo particular de assembleias. Ou até consultas muito pontuais sobre dúvidas práticas ou aspetos muito específicos de situações concretas. Sendo simples e acessível o suficiente para que isso possa ocorrer até no decurso de assembleias gerais.

Por outro lado, o livro tem sempre bem presente (por vezes mais explicitamente, noutras como uma premissa subjacente à exposição), que as assembleias não se esgotam nelas mesmo. Esta é uma posição que aliás tem sido sempre defendida pelo autor, em diferentes contextos, e inclusivamente na sua própria participação em órgãos deste tipo: as assembleias servem determinados propósitos e relacionam-se a montante, com outras regras, com outros processos, com decisões de outros órgãos, com condicionamentos legais dos mais diferentes tipos; e, por outro lado, elas produzem efeitos que estão a jusante da própria assembleia.

O livro também trata disso, ou trata também em parte destas questões. E este é um aspeto muito importante, até porque todo o trabalho está imbuído dessa filosofia, muito clara, mesmo quando não explícita.

É que as assembleias não existem em si, não existem para si próprias, servem finalidades, propósitos, objetivos que, mais genéricos e abrangentes ou mais focalizados, são concretos e estão por definição bem identificados no âmbito do órgão em causa – numa empresa, num condomínio, numa associação ou numa autarquia. Até mesmo nas assembleias mais básicas e porventura menos formalizadas, tal formato é apenas a concretização que dá conteúdo e alimenta um processo e os fins que presidem à reunião.

O guia prático elaborado por Edgar Valles aborda precisamente muitas destas questões e aborda-as nesta perspetiva: as relações com outros órgãos, as hierarquias e equilíbrios dos diferentes poderes, como é que as assembleias se constituem, como se convoca cada sessão e quem o faz, como quem faz a ordem de trabalhos, como se constitui a Mesa e como deve ela operar, como é que decorrem os trabalhos, o chamado PAOD (Período Antes da Ordem do Dia), o Período da Ordem do Dia, os documentos que podem ser entregues, as regras de votação. E vários outros aspetos, muitos (ou todos) também questões relevantes, como as deliberações, as atas, o encerramento dos trabalhos, a publicidade das deliberações e das decisões que foram tomadas, os efeitos em termo legais, eventual ilegalidade de decisões, as questões de litigância que se podem levantar *a posteriori*.

Não vou obviamente desenvolver cada um destes temas aqui. Seria, de resto, inútil porque são quase duzentas páginas, organizadas em quatro partes em dezasseis capítulos. E porque seria redundante, dada a organização clara e eficaz da obra e pelo seu caráter prático e muito operativo, além de muito completo – mesmo que ainda incompleto, apenas porque por definição todos os guias são incompletos, tal como todos os mapas são simplificações e reproduções incompletas da realidade sob pena de se lhe sobreporem e de assim perderem utilidade e pertinência.

Todavia, neste caso, resulta evidente de qualquer consulta, por mais pontual e incompleta que seja também, que estamos já perante um guia muito completo sobre tudo o que tem a ver com as assembleias gerais, em especial na vertente prática destas.

Fará, neste contexto, terminar esta apresentação e prefácio salientando alguns aspetos relevantes.

Em primeiro lugar, sublinhar que o título do livro faz jus ao seu conteúdo. É de facto um guia *prático* das assembleias gerais. Tentei sublinhar porque é um guia, e um bom guia; mas é importante insistir no facto de ser muito prático. Além de um anexo, que constitui a quarta parte do livro, com um conjunto de documentos relacionados com assembleias, o autor incluiu ao longo do texto e dos diferentes capítulos numerosos exemplos muito claros e com base real; exemplos cujo *realismo* são muito importantes quando estamos a falar de uma ferramenta prática para ser utilizada pelas pessoas.

A exemplificação é, em todos os domínios, um mecanismo muito poderoso de aprendizagem e de aproximação à realidade. Um instrumento que tem os seus riscos, conhecidos, mas que são limitados por um bom enquadramento desses exemplos, algo que o livro não descura. O poder da estratégia de exemplificação enquanto mecanismo de consolidação das aprendizagens é, por isso, bem patente nas páginas do livro, nos exemplos que são dados. Sendo também claro que este conteúdo de natureza exemplificativa beneficiou em muito da larga experiência do autor nos diferentes domínios do direito que são aqui tratados.

Em segundo lugar, e como decorrência quase lógica do primeiro aspeto que acabo de referir, um dos melhores elogios que talvez se possa fazer ao livro é que, na verdade, ele é acima de tudo um guia prático, e que não procura ser um contributo doutrinário – embora também o seja ou possa ser, explicita ou implicitamente, nas linhas ou nas entrelinhas. Como há pouco foi referido num aspeto concreto, o autor não deixa de transmitir a sua visão sobre algumas questões em torno das assembleias gerais e dos seus propósitos, o que acaba por ser natural. Mas ainda assim, não havendo um objetivo de contributo doutrinário, mesmo existindo algumas pistas nesse sentido, essa dimensão nunca prejudica a vertente praxeológica e utilitária da obra, e esta é acima de tudo uma ferramenta de uso prático, para literalmente cada um de nós. É um guia *prático* de inestimável valia na óptica do utilizador (como agora se diz) e em particular do utilizador leigo que, no fundo, seremos quase todos.

Em terceiro lugar, a presente obra tem um aspeto distintivo – em particular no quadro da literatura jurídica, e muito em particular naquela que tem ambição de ser de referência, mesmo quando não académica ou dirigida a um público mais vasto. Esse traço distintivo é a linguagem extremamente acessível com que o livro é construído e o tom quase coloquial que, por vezes, é utilizado.

Não é, de todo, frequente encontrar estas características em publicações de cariz técnico e mais especializado. Não é irrealista arriscar que o campo jurídico enferma com particular acuidade deste problema. Aliás, ele é bem conhecido não apenas na literatura jurídica mas na complexidade da própria arquitetura do nosso sistema normativo-legal, na complexidade e opacidade da articulação entre diferentes diplomas e fontes de direito, e mesmo na produção e redação de cada normativo jurídico. É por isso, aliás, que os esforços de simplificação do direito, da sua linguagem, das leis e, de modo geral, no sentido da melhoria do acesso ao direito pelos cidadãos tem ganho crescente protagonismo (e tradução até nos processos legislativos) em anos recentes.

Estamos, aqui, nos antípodas deste problema sério e estrutural, e também prático. Nesta obra, o encadeamento bem percetível, a linguagem acessível, o esforço de clareza e, onde necessário, de simplificação, bem como o registo menos formal, a espaços quase coloquial, e o recurso sistemático a exemplos neste registo, torna a leitura fácil e agradável. Sendo certo que poucos à partida estarão disponíveis para pensar nas assembleias gerais como um tema particularmente apelativo ou sobre o qual seria fácil escrever em termos não muito formalistas.

Edgar Valles conseguiu conciliar a reconhecida competência jurídica com a construção de um texto fluido e acessível. Não é fácil escrever um livro de direito com este equilíbrio e neste registo. Especialmente difícil será consegui-lo quando é um jurista a escrever, alguém que pela sua formação académica e prática profissional não pode deixar de ter incorporado a perspetiva jurídica e o rigor e formalismo que esta exige. Ainda mais quando versa sobre um assunto que muitos considerarão um pouco árido, as assembleias gerais, e sobre o qual não apenas impendem requisitos formais e processuais inescapáveis como eles são em muitos aspetos esteios da própria existência e decurso das reuniões de assembleia.

Ora, apesar de todos estes riscos, a obra cumpre com mestria os objetivos que se propôs atingir: sem prescindir do rigor, foi concebida e obedece na sua concretização à finalidade de chegar a um público vasto, como instrumento útil e prático. E fá-lo com êxito. Talvez todos estes méritos não sejam suficientes para que possa ser uma sugestão credível ou suficientemente apelativa de leitura de cabeceira, mas como uma breve consulta à obra não deixará de demonstrar este é um livro que foge nesse aspeto aos cânones dos livros técnicos e tem uma legibilidade, até na perspetiva lúdica e do lazer, que surpreende.

Para concluir, creio ser importante sublinhar que esta linguagem acessível num guia de caracter tão prático e tão competente no modo como combina enquadramento e exemplos concretos, é um instrumento da maior relevância para promover a valorização de cada um de nós e das pessoas que contactam, direta ou indiretamente, como participantes ativos ou como responsáveis pela condução das assembleias, com este tipo de realidade.

Nesse sentido, todos nós somos potencias (e reais) destinatários. Podemos não participar ativamente nas assembleias de que tomamos parte; podemos aliás não comparecer em todas; mas elas existem, deliberam, tomam decisões e estas têm impactos sobre a realidade de todos. Quer tenham utilizado as possibilidades de participação que temos enquanto cidadãos ou noutras condições específicas, quer não. Do condomínio às associações, das empresas aos órgãos autárquicos.

Por isso, este livro encerra em si um enorme potencial. O acesso a este tipo de ferramenta valoriza e capacita as pessoas, dá-lhes competências – não apenas as competências específicas de participação numa assembleia, mas de compreensão mais integrada dos processos sociais e políticos que lhes estão subjacentes e como neles se integra e com eles se relaciona. Por essa via, este Guia estimula a participação cívica e estimula uma participação cívica mais qualificada.

Quer a área das qualificações quer as questões da participação cívica são áreas em que claramente Portugal tem desigualdades e défices muito relevantes e historicamente herdados. Também por essa razão, que se prende com estes traços estruturais da sociedade portuguesa e que tanto limitam o nosso potencial quer económico quer de emancipação individual, social e de democratização dos nossos processos sociais e políticos, o livro é um importante contributo.

Quantos de nós ou de pessoas que conhecemos não participam mais na vida coletiva porque, na verdade, não conhecem bem as regras, não sabem como participar, não têm um tutorial (como agora se diz também) como este para poderem iniciar-se nesse tipo de participação e para que o possam fazer de modo mais sistemático e consistente? Ou mesmo entre aqueles de nós que já participam, quantas vezes não vão mais longe ou não se conseguem melhores resultados porque não há total segurança do que se pode ou não fazer, como, com que limites, em que moldes?

Se assim é, a existência de um livro com estas características, escrito desta maneira, bem construído, fácil de manusear, pode ser um estímulo à participação, à remoção dos obstáculos e às inibições que existem à participação cívica e política, que tantas vezes se desenrola em assembleias. É, pois, um instrumento de promoção do acesso à participação cívica e democrática a todos os níveis. E será, para quem com ele trabalhar, uma alavanca da melhoria da qualidade das próprias assembleias gerais, seja em empresas, seja nos condomínios, seja nas assembleias de freguesia, nas assembleias municipais, ou em qualquer outra modalidade.

Importa, aliás, a este respeito deixar registada uma nota pessoal apenas para sublinhar também que, enquanto autarca, no passado líder da bancada de um partido na Assembleia Municipal e hoje Presidente dessa Assembleia, é impossível não conhecer bem na primeira pessoa e como testemunha de processos inerentemente coletivos, as dúvidas e a complexidade das situações práticas e outras que se colocam no decorrer das assembleias e, de modo geral, nos processos que as sustentam. Mesmo para quem já tem experiência de anos num determinado tipo de assembleia, a complexidade e riqueza da prática acaba sempre por surpreender e toda a ajuda para uma melhor compreensão e utilização das regras e das figuras jurídicas e regimentais é da maior utilidade. Até porque, como acima se sublinhava, estas não são apenas questões formais, são na verdade os instrumentos cujo bom uso permite a melhor expressão das potencialidades das assembleias e da substância das discussões que lá têm lugar.

Em suma, por todas estas razões, e sem ter a ambição ou veleidade de prever o futuro, tendo em conta o trajeto editorial do autor (que conta com mais do que uma obra com sucessivas edições), a editora de referência que o acolhe, a pertinência e transversalidade do tema num quadro de relativa escassez de títulos sobre ele, e as características da obra que terão resultado claras das considerações precedentes, não será excessivamente arriscado antecipar que este guia prático das assembleias gerais assinado por Edgar Valles reúne todas as condições para vir a conhecer mais edições. Aliás, tem condições para se constituir, no futuro, como um novo clássico e marco paradigmático neste tema, entrando no restrito nível em que se encontra há várias gerações o trabalho de Roque Laia anteriormente citado, evidentemente sem prejuízo das características e enquadramentos distintos das duas obras.

Todavia, há já conclusões que não precisam de esperar pelo futuro. Pela sua extrema utilidade, pelo modo como está construído, pela sua acessibilidade, é um livro com um potencial enorme de disseminação, de utilização, da melhoria da qualidade do nosso trabalho coletivo nas assembleias. E, tendo a certeza que é um livro útil num tema tão presente e premente, que diz respeito a todos, dificilmente não será um êxito.

É certo que nem sempre a qualidade e o sucesso dos projetos se medem pelas vendas e pela divulgação. Mas estarão aqui presentes as condições para que assim seja, e para que a evidente qualidade e pertinência do trabalho seja objeto de novas edições e de reconhecimento a vários níveis. Existe, aliás, um livro do autor que já ultrapassou a barreira da primeira dezena de edições, pelo que o precedente está criado e talvez esse marco possa ser ultrapassado.

Faço votos para que possa acontecer. Até porque tal permitirá decerto atualizar, rever, enriquecer com mais exemplos decorrentes de (re)leituras do livro, de contributos recebidos e de novas situações práticas da experiência do autor; ou até cobrir mais e melhor aspetos que eventualmente venham a necessitar de aprofundamento. A energia, a determinação e a paixão sempre manifestadas pelo Edgar, em tantos aspetos da vida e bem patentes neste ímpeto de publicação tão frequente, seguramente não permitirão que deixe de continuar a olhar para este trabalho como um livro aberto. E aberto não apenas para o uso, mas também para melhorias e para acrescentos.

Para concluir, uma referência a uma passagem em concreto do livro. Até porque há uma característica dos livros, em especial dos bons livros e quando os escritores têm essa capacidade ou talento, que é a de incluir frases que sentimos que poderiam ter sido escritas dirigidas ao leitor. E que, acima de tudo, interpelam diretamente quem lê e transmitem mensagens que de alguma forma se elevam para além do percurso do texto.

Escreveu Edgar Valles, e eu subscrevo: "Oxalá esta obra, Guia Prático das Assembleias Gerais", ajude quem pretenda conferir mais eficácia às assembleias de modo a que estas cumpram o objetivo para as quais foram convocadas: deliberar sobre a ordem de trabalhos."

Porque a qualidade das Assembleias reside no seu conteúdo, na boa utilização das regras que as governam pelos que nelas participam, e por esta via nos resultados coletivos que podem ser colhidos, equilibrando garantias e eficácia dos processos. E porque as Assembleias existem e reúnem para cumprir objetivos e para servir fins, muitas vezes fins nobres, que estão muito para além e muito acima da reunião em si e dos que nela tomam parte.

(Editado com base em intervenção oral proferida em 9 de Maio de 2018, em sessão de apresentação da primeira edição do livro).

MIGUEL CABRITA
Sociólogo e docente universitário da Escola de Sociologia e Políticas Públicas do ISCTE-IUL. Exerce atualmente funções como Presidente da Assembleia Municipal de Odivelas e como Secretário de Estado do Emprego do XXI Governo Constitucional.

INTRODUÇÃO

As assembleias gerais são indispensáveis para a tomada de deliberações nas mais diversas entidades. Porém, muitas vezes traduzem-se em considerável perda de tempo, sobretudo pelo facto de não haver uma condução apropriada. Quantas vezes a ordem de trabalhos não é respeitada, não há disciplina, os oradores dispersam-se, e, uma reunião de meia hora eterniza-se, os trabalhos prolongam-se amiúde para outra sessão.

Tal não sucederia se as assembleias fossem meticulosamente preparadas, respeitando-se princípios e regras básicas.

Este livro contém quatro partes: a primeira, diz respeito à preparação das assembleias, a segunda à sua realização, a terceira à forma de reação perante deliberações ilegais, inserindo-se, no final, documentos de apoio, destinados a auxiliar quem tem como tarefa a condução de reuniões.

São analisadas as reuniões nas associações, nas sociedades comerciais, nos condomínios e na administração pública, aqui com realce para os órgãos autárquicos. Trata-se, assim, de uma obra transversal, destinada a quem trabalha em tais áreas.

O "Guia das Assembleias Gerais", de Roque Laia, serviu de ensinamento a várias gerações. Não raras vezes, numa reunião mais acalorada, um orador erguia o volumoso livro de capa cinzenta, para fundamentar as suas posições.

A marcha inexorável do tempo trouxe a desatualização de tal obra ímpar.

Oxalá este livro, "Guia Prático das Assembleias Gerais", ajude quem pretenda conferir maior eficácia às assembleias, de modo a que estas cumpram o objetivo para as quais foram convocadas: deliberar sobre a ordem de trabalhos.

PARTE I
PREPARAÇÃO DA ASSEMBLEIA GERAL

Capítulo I
Sobre a Assembleia Geral

1. CONCEITO

Quando temos de tomar uma decisão relativamente a um assunto pessoal, podemos aconselhar-nos com outras pessoas, mas a decisão, certa ou errada, e só nossa.

É esta a caraterística da vontade individual, expressa por cada pessoa singular.

No caso das pessoas coletivas, a vontade é expressa pelo conjunto das pessoas físicas que dela fazem parte. Por exemplo, nas associações existe a vontade coletiva dos associados, nas sociedades comerciais, a vontade dos sócios (sociedades por quotas) ou dos acionistas (sociedades anónimas). Nos condomínios, a vontade dos condóminos, ou seja, dos titulares das frações autónomas. Nas autarquias (freguesia e município), os cidadãos eleitores expressam a sua vontade nas eleições, que se realizam de quatro em quatro anos, elegendos os titulares dos órgãos deliberativos (assembleia de freguesia e assembleia municipal); no caso do município, são também eleitos os titulares do órgão executivo (câmara municipal). Por sua vez, a vontade desses órgãos expressa-se através da vontade dos seus titulares.

Em todos os exemplos descritos, para que a vontade coletiva se expresse é necessária a reunião de várias pessoas, que se encontram para um fim determinado. Uma reunião chama-se assembleia geral, quando abrange o conjunto das pessoas.

Se a reunião abranger apenas os titulares de um órgão executivo, como sucede com a gerência de uma sociedade por quotas, o conselho de administração de uma sociedade anónima, a câmara num município, não se chama assembleia, mas apenas reunião.

A razão de ser das assembleias gerais consiste, assim, na formação e expressão da vontade coletiva, através da vontade individual dos membros.

Impõem-se determinados formalismos, para que essa vontade se expresse, livre e esclarecidamente. Formalismos na própria convocação da assembleia e, depois, durante o funcionamento dos trabalhos.

Não é necessário que todos estejam presentes. Há sempre quem tenha mais interesse e empenho do que outros. O que importa é que todos tenham sido devidamente convocados para a assembleia geral, a ela podendo comparecer.

2. A AUTONOMIA DA VONTADE COLETIVA

A vontade coletiva forma-se, pois, através de vontades individuais, mas adquire autonomia.

Tal resulta do facto de a entidade (associação, sociedade comercial, condomínio...) possuir personalidade jurídica, ou seja, ser titular de direitos. A vontade coletiva tem repercussões diretas na própria entidade.

Quando os sócios de uma associação desportiva se reúnem em assembleia geral para deliberar sobre a aquisição de um prédio para a sua sede, ao aprovarem a proposta apresentada pela direção do clube estão a tomar uma deliberação que se incorpora na pessoa coletiva associação, passando a responsabilizá-la plenamente. É a associação que adquire o prédio e não as pessoas da direção ou as pessoas que votaram a proposta apresentada na assembleia geral.

Assim, se algo não correr bem no processo de aquisição, por exemplo, se falhar alguma prestação no preço, a responsabilidade pelo incumprimento é da associação e não da sua direção ou dos sócios individualizados. Porquê? Pelo facto de a associação desportiva ter personalidade jurídica, ser titular de direitos e obrigações. A ela compete pagar o preço, que "sai" do seu património e não diretamente dos bolsos dos associados. Estes pagam as suas quotizações e disponibilizam o trabalho e, eventualmente, outras receitas; uma vez entregues as quotizações e essas outras receitas, passam a pertencer ao património da associação.

As vontades individuais, expressas pelo voto de cada um nas assembleias gerais, vão, assim, gerar a vontade coletiva de uma entidade com personalidade jurídica, de uma pessoa coletiva.

Poderá suceder que, para garantia das obrigações assumidas pela pessoa coletiva, terceiros, designadamente credores, exijam que os seus responsáveis assumam solidariamente as obrigações da pessoa coletiva. No exemplo referido, com o receio de que alguma prestação não seja paga, o vendedor pede aos diretores do clube para se constituírem fiadores. Ou seja, para se responsabilizarem pela dívida, pagando-a se, porventura, o clube não pagar. Se os diretores tiverem a triste ideia de aceitar, passam também a ser titulares de obrigações, em termos individuais.

3. A RESPONSABILIDADE INDIVIDUAL

Referimos atrás "triste ideia de aceitar".

Porquê? Pelo facto de os dirigentes das associações darem o seu esforço e muitas horas de trabalho, à custa do seu tempo de lazer, não sendo justo que tenham ainda de responder pelas dívidas das entidades que representam. Um pouco em todo o país, há casos dramáticos de dirigentes associativos responsabilizados por obrigações solidárias contraídas.

Será diferente quando, aquilo a que se chama um industrial endinheirado ou um mecenas, resolve patrocinar a associação, disponibilizando quantias elevadas ou assumindo obrigações. Em todas as terras há sempre alguém disposto a proporcionar maior conforto financeiro às associações e coletividades, muitas vezes recebendo como contrapartida a atribuição do seu nome ao campo desportivo ou a colocação de uma placa na sede... Outras vezes, o propósito é bem menos nobre: lavagem de dinheiro.

Também será diferente o caso do sócio de uma sociedade por quotas, entidade empresarial com fins lucrativos, que está disposto a prestar garantias pessoais tendo em vista a obtenção de um empréstimo bancário que irá beneficiar a sociedade comercial e proporcionar a sua expansão e, por via dela, lucros mais elevados que reverterão para os sócios. Aqui, há um interesse individual que se confunde com o interesse comercial, com o interesse da sociedade.

Porém, ao arrepio desta lógica os dirigentes de associações são responsáveis subsidiariamente e de forma solidária entre si pelas dívidas fiscais e à Segurança Social das entidades que representam.

Subsidiariamente significa que apenas respondem se o património da sociedade for insuficiente; solidariamente, quer dizer que, se apenas um dos dirigentes tiver bens, responde na totalidade, por todo o seu património, e não apenas por uma quota parte da dívida.

4. A DISCUSSÃO, PREPARAÇÃO DA EXPRESSÃO DA VONTADE INDIVIDUAL

No princípio deste capítulo, referimos que, quando um de nós tem de tomar uma decisão pessoal, pode aconselhar-se com outras pessoas, para melhor ponderação.

Quando os sócios de uma associação, de uma sociedade, ou os condóminos de um prédio, ou os membros da assembleia municipal, têm de tomar deliberações, torna-se necessária a discussão.

"*Da discussão nasce a razão*". Cada um pode ter as opiniões próprias, mas através da troca de pontos de vista, consegue-se avaliar melhor os *prós* e os *contras*, analisar os diversos argumentos, de modo a adotar a posição mais esclarecida.

Por todos os motivos, a discussão é importante. Não pode ser substituída, como regra, pela consulta através de envio de e-mails ou outras formas de comunicação, embora não se possa subestimar a importância dos atuais meios tecnológicos.

A discussão destina-se a permitir o esclarecimento da vontade individual, com vista à expressão da vontade coletiva.

OBJETIVO DA ASSEMBLEIA →
- debater
- esclarecer
- decidir

Não se deve "arrolhar" a discussão, isto é, pôr travão às intervenções e à expressão de pontos de vista divergentes.

Quando as posições estão crispadas e se formam grupos radicalizados, de nada serve a discussão, pois há como que uma cegueira coletiva.

No que respeita aos órgãos autárquicos, poderá também haver uma afirmação muito acentuada de posições, pois cada partido define previamente a sua estratégia e persiste nela. Mas não raras vezes a discussão permite uma aproximação e convergência.

5. MINORIA, MAIORIA E UNANIMIDADE

Após a discussão, surge o momento em que todos se consideram esclarecidos, dispensando a continuação das intervenções. Nem sempre será assim, pois muitas vezes há alguns que, por vontade própria ou para se fazerem ouvir e satisfação do ego, gostariam de prolongar as assembleias até à exaustação.

Mas, de modo, geral, tal como sucede quando se está a preparar uma refeição, em que há um momento em que os alimentos já estão suficientemente cozinhados e deve ser retirada a panela do lume, nas assembleias gerais chega um momento em que os presentes já estão preparados para deliberar. Não há argumentos novos, os oradores repetem-se, a ponto de dizer "faço minhas as palavras da pessoa que me antecedeu".

Chega, então, a fase da conclusão das intervenções, ou seja, já não há mais oradores inscritos. Em outras alturas, face ao eternizar da discussão, dá entrada um requerimento, para se passar imediatamente à votação, o qual é aprovado pela maioria dos presentes.

Na votação, há normalmente uma maioria de votos e uma minoria. Nestes casos, não se tornou possível que todos estivessem de acordo, pelo que prevalece o princípio democrático de que o maior número de votos expressa a vontade coletiva.

Em algumas associações, como por exemplo grandes clubes desportivos, como o Sport Lisboa e Benfica, o Futebol Clube do Porto e o Sporting Clube de Portugal, o número de votos por associado não se processa "por cabeça", mas sim de acordo com a sua antiguidade. Assim, quanto mais anos de sócio o adepto tiver, maior número de votos disporá. Nas eleições para os Órgãos Sociais do Sporting Clube de Portugal, realizadas em 8/09/2018, Frederico Varandas ganhou a Presidência, mas o candidato que ficou em segundo lugar, João Benedito, obteve maior número de associados a votar nele. Os sócios com maior antiguidade preferiram Varandas e, como tinham mais votos, prevaleceu a sua vontade. Frederico Varandas ganhou com 42,32% dos votos, contra 36,84% de votos de João Benedito, mas 9735 sócios votaram neste último contra 8717 em Varandas.

Embora tal regra seja legal, por constar dos estatutos e não contrariar nenhuma norma imperativa, consideramos que não respeita o melhor espírito democrático, em que todos os associados devem ser iguais, quer nos direitos quer nos deveres.

Já não será assim nas sociedades comerciais, como sucede com as sociedades por quotas e sociedades anónimas, em que os sócios investem determinadas quantias para a constituição do património da sociedade, sabendo que o valor das entradas influenciará a tomada de deliberações e a distribuição dos lucros. Aqui, quanto mais elevada for a quota ou o número de ações maior será o poder de decisão.

Existe unanimidade quando todos estão de acordo, não havendo opiniões dissonantes.

Temos, assim: } Maioria / Unanimidade

A unanimidade não significa "carneirada", ou seja, menor esclarecimento pelos presentes.

Por exemplo, os votos de pesar pelo falecimento de alguém raras vezes suscitam votos dissonantes. Para tal, importa também que sejam formulados de modo a que não acentuem facetas polémicas do homenageado.

6. DECISÃO E DELIBERAÇÃO

Temos vindo a referir "decisão" e deliberação".

Qual a diferença?

Pessoas singular → Decisão
Órgão colegial → Deliberação

A decisão é tomada por uma pessoa singular, que pode ser titular de um órgão singular.

Na administração pública, a decisão, expressa de forma escrita num processo administrativo, toma a denominação de "despacho". Se o despacho acolher os fundamentos de uma proposta que o antecede, é vulgar constar a seguinte formulação:

> "Pelos fundamentos que constam na proposta que antecede, que se acolhem na íntegra, defere-se a pretensão formulada pelo interessado...".

A deliberação, pelo contrário, é própria dos órgãos colegiais. É antecedida por propostas. Uma vez aprovada a proposta, transforma-se em deliberação.

Pode suceder que a proposta sofra alterações ou dê origem a propostas alternativas.

A proposta aprovada, original ou com alterações, transformada em deliberação, expressa a vontade da pessoa coletiva, vinculando-a perante terceiros.

Capítulo II
Poderes da Assembleia Geral

1. A ASSEMBLEIA É SOBERANA?

"*A assembleia é soberana!*", eis uma frase que ainda se profere amiúde para salientar o papel decisivo da assembleia na vida de uma pessoa coletiva.

A iniciativa de constituir a pessoa coletiva, seja associação, seja sociedade comercial, seja condomínio, pertence sempre a um conjunto de pessoas, que se incumbem da elaboração dos estatutos e dos atos indispensáveis à sua criação.

A direção ou administração da pessoa coletiva poderá ser confiada a essas pessoas ou a outras, mas as grandes linhas de orientação, as deliberações fundamentais, recaem sobre o conjunto dos associados ou membros da pessoa coletiva, reunidos em assembleia geral.

À assembleia compete, entre outras matérias relevantes, a eleição dos órgãos de direção ou administração; a aprovação dos documentos de prestação de contas; a aprovação do plano de atividades e orçamento para o ano seguinte.

A assembleia poderá proceder à destituição dos órgãos de direção ou administração, bem como de outros órgãos, como o conselho fiscal, sem que tais órgãos tenham sequer o poder de discutir ou criticar as deliberações tomadas. Poderá a assembleia deliberar a própria dissolução da pessoa coletiva que, desta forma, se extinguirá. Daí que corresponda à verdade a expressão "*a assembleia é soberana!*".

Este poder soberano também pode ser visto por outra faceta, que diz respeito à própria condução dos trabalhos da assembleia, da responsabilidade do presidente da mesa, que "manda". No entanto, a assembleia pode votar a própria destituição da mesa, caso esteja em total desacordo com a forma como decorre a sessão.

Quando, antes do 25 de abril, existiam contingências políticas limitativas do papel soberano da assembleia, Roque Laia prenunciava:

> "Mas a existência dessas condições limitativas e que suponho não poderão ser eternas e que terão de cessar num futuro próximo, não invalida o princípio jurídico da soberania das assembleias gerais, tal como um eclipse do sol não lhe faz perder o seu caráter de fonte geradora de luz e calor, nem o apaga nem o destrói.
>
> Assim como nas sociedades políticas é na massa do povo que reside todo o poder e vontade da nação constituída por essa massa do povo, nas coletividades esse poder e vontade existe na massa dos seus sócios"("Guia das Assembleias Gerais", obra citada na introdução, pág. 35).

Hoje, em democracia, deixaram de haver as condições limitativas mencionadas na transcrição. Mas tal não significa que, em determinada assembleia, se possa discutir qualquer assunto. Como veremos adiante, terá de ser respeitada a ordem de trabalhos.

Como corolário do poder soberano da assembleia, temos várias consequências:

a) Nenhum outro órgão da pessoa coletiva pode deliberar sobre matéria da competência da assembleia. Tal não impede a assembleia de conceder poderes à direção ou administração para resolverem, da forma que entenderem, determinado assunto.
   No entanto, se houver uma reserva estatutária de competência, terá de ser a assembleia a deliberar. Por exemplo, se os estatutos consignarem que a fixação das quotizações compete à assembleia, esta não poderá delegar na direção a aprovação do quantitativo das quotas. Tal não impede a direção de apresentar uma proposta na assembleia,

a exemplo do que poderão fazer outros associados, mas a aprovação é da competência da assembleia;

b) A assembleia tem supremacia em relação aos outros órgãos. Pode censurá-los e demiti-los, não sendo o inverso verdadeiro. Pode constituir comissões ou grupos de trabalho, atribuindo funções específicas. Enquanto os outros órgãos só podem exercer as funções que lhes forem expressamente atribuídas, a assembleia pode pronunciar-se e deliberar sobre todas as matérias que não sejam proibidas ou vedadas por lei ou pelos estatutos.
A assembleia pode interpretar os estatutos e alterá-los.

c) A assembleia tem um poder originário, que surge com a própria constituição da pessoa coletiva. A direção ou administração tem um poder delegado, que emana da assembleia. Esta elegeu os órgãos diretivos, cuja legitimidade provém da sua vontade legitimadora. Por essa razão, em qualquer altura a assembleia poderá retirar os poderes que concedeu. Pelo contrário, nenhum outro órgão poderá retirar os poderes da assembleia ou sequer limitá-los.

2. LIMITAÇÕES AO PODER SOBERANO

2.1. Estatutos

Há, no entanto, limitações próprias a esse poder soberano. Em primeiro lugar, as decorrentes dos estatutos.

Os estatutos contêm uma cláusula com a definição do objeto da pessoa coletiva. Em consequência, a assembleia é soberana quando estão em causa matérias relacionadas com o objeto da pessoa coletiva ou seus fins. Se estivermos em presença de uma associação desportiva, um clube de futebol, por exemplo, a assembleia não tem obviamente poderes para deliberar sobre matérias da vida de outra associação desportiva. Seria uma aberração a assembleia geral do Sport Lisboa e Benfica aprovar os documentos de prestação de contas do Sporting Clube de Portugal.

Do mesmo modo, uma assembleia de condóminos de um prédio situado na Rua de S. Bento, no Porto, não vai pronunciar-se sobre matérias que digam respeito ao condomínio de outro prédio, situado em Vila Nova de Gaia.

Se os estatutos de uma associação preceituarem que um sócio expulso não poderá voltar a ser readmitido como sócio, a assembleia não poderá deliberar a readmissão de um sócio expulso, sem que previamente tenha sido revogada a cláusula estatutária.

Há outra limitação importante, igualmente decorrente dos estatutos, que se traduz no princípio da especialidade, abrangendo os vários órgãos. De acordo com este princípio, cada órgão tem poderes para deliberar em relação às funções (matérias) que lhe estão atribuídas, não sendo lícito intrometer-se na esfera de competência de outros órgãos.

Em consequência, à assembleia geral está vedado tomar deliberações relativamente a matérias que competem a outros órgãos. Caso a assembleia se pronuncie, fará recomendações, mas não deliberações.

Esta distinção poderá ter zonas de fronteira, sobretudo nas associações. Por exemplo, a assembleia geral de uma associação delibera a realização de uma sessão solene comemorativa do aniversário da coletividade. Trata-se, manifestamente, de um ato da competência da direção, já que à assembleia geral competirá a aprovação do plano de atividades

Mas se pensarmos que no decurso da própria discussão na assembleia do plano de atividades poderá surgir esta iniciativa (sessão solene), conclui-se que a aplicação do princípio da especialidade não pode ser mecanicamente efetuada.

2.2. Sociedades comerciais

Nas sociedades comerciais, o princípio da especialidade obriga a assembleia a não praticar atos que competem aos órgãos de administração.

"Nas sociedades anónimas, os administradores só devem obediência às deliberações dos sócios nos casos em que a lei ou o contrato o determinarem e os acionistas só podem deliberar sobre matérias de gestão a pedido do órgão de administração, conforme art. 373º, nº 3, do Código das Sociedades Comerciais" ("Sociedades Comerciais", António Pereira de Almeida, Coimbra Editora, 3ª edição, pág. 153).

No caso das sociedades por quotas, há matérias que são da exclusiva competência da assembleia geral (art. 246º, nº 1, CSC):

a) A chamada e a restituição de prestações suplementares;

b) A amortização de quotas, a aquisição, a alienação e a oneração de quotas próprias e o consentimento para divisão ou cessão de quotas;
c) A exclusão de sócios;
d) A destituição de gerentes e de membros do órgão de fiscalização;
e) A aprovação do relatório de gestão e das contas do exercício, a atribuição de juros e o tratamento de prejuízos;
f) A exoneração da responsabilidade dos gerentes ou membros do órgão de fiscalização;
g) A propositura de ações pela sociedade contra gerentes, sócios ou membros do órgão de fiscalização e bem assim a desistência e transação nessas ações;
h) A alteração do contrato de sociedade;
i) A fusão, cisão, transformação e dissolução da sociedade e o regresso da sociedade dissolvida à atividade.

Há, também, outras matérias da competência da assembleia geral, a menos que os estatutos disponham de forma diversa, como é o caso da designação de gerentes, designação dos membros dos órgãos de fiscalização, alienação ou oneração de bens imóveis, alienação, oneração e locação do estabelecimento e a subscrição ou aquisição de participações em outras sociedades e a sua alienação ou oneração (art. 256º, nº 2, CSC).

2.3. Condomínios

No que respeita à assembleia dos condóminos, importa considerar que o seu poder apenas abrange as partes comuns do prédio; consequentemente, não pode tomar deliberações em relação ao uso que cada condómino dê sobre a sua fração.

> "I – Os poderes deliberativos da assembleia de condóminos restringem-se à administração das partes comuns.
>
> II – As deliberações sobre matérias que não se prendam com a administração das partes e serviços comuns são ineficazes;
>
> III – Assim, não pode a assembleia de condóminos autorizar a instalação de um estabelecimento comercial numa fração autónoma destinada a habitação" (acórdão da Relação de Coimbra, de 2/11/1982).

Incumbindo a administração das partes comuns quer à assembleia de condóminos quer ao administrador (art. 1430º do Código Civil), entende-se que a assembleia dos condóminos deve deixar ao administrador a gestão corrente do condomínio, o qual executará as suas deliberações.

Os regulamentos de condomínio definem as funções de cada órgão; como refere Mota Pinto, "a assembleia dos condóminos é o órgão colegial constituído por todos os condóminos, com caráter deliberativo, que tem poderes de controlo, de aprovação e decisão final sobre todos os atos da administração e o administrador é o órgão de execução, nomeado e exonerado pela assembleia de condóminos, a quem tem de prestar contas da sua atividade. Procede, portanto, à execução das decisões daquela e à adoção das medidas necessárias à conservação e vida do edifício" ("Direitos Reais", 1970, pág. 284).

2.4. Administração Pública

Art. 3º, nº 1, do Código do Procedimento Administrativo:

> "Os órgãos da Administração Pública devem atuar em obediência à lei e ao direito, dentro dos limites dos poderes que lhes forem conferidos e em conformidade com os respetivos fins".

Deste modo, os órgãos colegiais da Administração Pública estão limitados, na sua ação, pelo princípio da legalidade, tal como, aliás, sucede com os órgãos singulares.

Além do respeito pela legalidade, estão subordinados ao interesse público, ou seja, devem atuar de forma a que seja sempre respeitado o interesse da comunidade, abstendo-se de favorecer particulares injustificadamente. A este respeito, ocorre algo de muito diferente do que sucede no setor privado, em que os gestores de uma empresa podem atuar da forma que entenderem, em obediência naturalmente ao interesse da sociedade, não lhes sendo colocadas outras restrições para além do respeito das leis e estatutos. Se os gestores de uma empresa privada decidirem efetuar um negócio menos lucrativo, estarão a prejudicar a sociedade, mas o ato em si é lícito.

Na administração pública, os titulares dos órgãos só podem atuar se a lei lhes atribuir competência específica para o efeito. Na ausência de norma expressa devem abster-se de o fazer.

2.5. Órgãos autárquicos

Art. 45º – Princípio da especialidade

> "Os órgãos das autarquias locais só podem deliberar no quadro da prossecução das atribuições destas e no âmbito do exercício das suas competências, nos termos da lei" (Lei nº 75/2015, de 12 de setembro).

Resulta deste princípio que os órgãos deliberativos autárquicos (assembleia de freguesia, no caso da freguesia, e assembleia municipal, no caso do município) só podem deliberar em matérias da sua competência, não podendo, em consequência, tomar deliberações em matérias da competência da junta de freguesia ou da câmara municipal.

É uma separação de poderes algo semelhante à que decorre do funcionamento da Assembleia da República e Governo, a nível nacional.

3. O PRIMADO DA LEI

As assembleias gerais devem, sobretudo, respeitar a lei, em sentido global. Esta é uma consequência do primado do Estado de Direito, que impõe o respeito pela legalidade democrática. Em consequência, não podem ser tomadas deliberações que, de alguma forma, violem a legislação vigente, incluindo direitos de terceiros.

De notar que, como adiante será desenvolvido, existe uma instância de recurso, os tribunais.

Muito embora parte considerável de deliberações ilegais não seja sancionada pelos tribunais, por falta de impugnação pelos lesados, tal não pode significar um estímulo à prevaricação.

Por essa razão, podemos dizer, também nesse sentido, que "a assembleia é soberana!", com as limitações decorrentes do respeito pela lei e pelos estatutos.

Capítulo III

Convocação da Assembleia Geral

1. QUEM CONVOCA NAS ASSOCIAÇÕES

Art. 173º do Código Civil

> "1. A assembleia deve ser convocada pela administração nas circunstâncias fixadas pelos estatutos e, em qualquer caso, uma vez em cada ano para aprovação do balanço.
>
> 2. A assembleia será ainda convocada sempre que a convocação seja requerida, com um fim legítimo, por um conjunto de associados não inferior à sua quinta parte na sua totalidade, se outro número não for estabelecido nos estatutos.
>
> 3. Se a administração não convocar a assembleia nos casos em que deve fazê-lo, a qualquer associado é lícito efetuar a convocação".

Primeira observação: sob o ponto de vista formal, o poder de convocação das assembleias gerais nas associações recai sobre a direção e não sobre o presidente da mesa, como sucede nas restantes pessoas coletivas. Já Marcelo Caetano mostrara a sua divergência em relação a esta solução legislativa:

"... É tradicional que a assembleia geral possua a sua mesa à qual compete convocá-la e dirigir os respetivos trabalhos. O art. 162º não o proíbe. É pois estranho que o nº 1 do artigo 173º prescreva, com caráter imperativo, que a assembleia geral deva ser convocada pela administração! É que se a administração o não fizer, pode fazê-lo qualquer associado. A mesa da assembleia geral é que não. Não se compreende porque há-de o legislador intrometer-se nesta matéria, quando lhe bastaria determinar que a assembleia fosse convocada ao menos uma vez em cada ano para aprovação do balanço, deixando o resto aos estatutos" (Revista "O Direito", Ano XCIX, pág. 107).

De facto, não faz sentido o poder de convocação competir à direção e não ao presidente da mesa da assembleia geral. Mas esta é a solução do legislador, considerada imperativa por parte da jurisprudência.

"I – A norma do art. 173º do Código Civil – seus nºs 2 e 3 – que versa sobre quem pode convocar a assembleia geral de associações é imperativa, não podendo ser afastada por vontade do ente associativo.

II – Assim é nulo, por contrária àquela lei cogente, o artigo dos estatutos de uma associação sem fins lucrativos que atribui competência para a convocação da assembleia geral ao presidente da mesa ou ao presidente da direção" (acórdão da Relação do Porto, de 27/3/2006, que cita jurisprudência não uniforme).

No entanto, a esmagadora maioria das assembleias gerais nas associações só é convocada pelo presidente da mesa, como se verifica, aliás, pelos anúncios convocatórios publicados na imprensa, fazendo-se tábua rasa da "imperatividade" do referido art. 173.

Como atualmente o Ministério Público deixou de ter, como atribuição, a fiscalização da legalidade dos estatutos das associações, as normas consagrando a competência do presidente da assembleia geral não são objeto de impugnação, solidificando-se, assim, esta prática de convocação pelos presidentes. Com efeito, o parecer do Conselho Consultivo do Ministério Público perfilhou o seguinte entendimento:

> "1.ª - Com o Decreto-Lei nº 594/74, de 7 de Novembro, foi instituído um controlo de legalidade dos actos de constituição e dos estatutos das associações, bem como das respectivas alterações, a levar a cabo obrigatoriamente pelo Ministério Público, estando os notários vinculados a remeter-lhe, para tal efeito, cópia desses instrumentos;
>
> 2.ª - Tal controlo sistemático de legalidade foi mantido com a entrada em vigor do nº 2 do artigo 168.º do Código Civil, na redacção que lhe foi dada pelo Decreto-Lei nº 496/77, de 25 de Novembro;
>
> 3.ª - Com a entrada em vigor da Lei nº 40/2007, de 24 de Agosto, que alterou o referido preceito, deixou o Ministério Público de receber cópia daqueles instrumentos, quer da parte dos notários, quer dos novos serviços competentes no âmbito do regime de constituição imediata de associações na mesma regulado;
>
> 4.ª - Deixou, a partir de então, de recair sobre o Ministério Público a obrigação de proceder ao referido controlo sistemático de legalidade, salvo nas situações em que a lei especialmente o continuar a prever (caso das associações sindicais e de empregadores e das comissões de trabalhadores);
>
> 5.ª - Continua, todavia, o Ministério Público, por força do disposto no artigo 158.º-A do Código Civil, a dispor de legitimidade para a propositura de acções de declaração de nulidade dos actos de constituição e dos estatutos das associações, sempre que de tal vício venha a tomar conhecimento, seja oficiosamente, seja através da comunicação de qualquer interessado".

Nessa prática, a direção da associação solicita ao presidente da mesa a convocação da assembleia, indicando a ordem de trabalhos e sugerindo datas. O presidente da mesa elabora o aviso convocatório e emite-o, com a antecedência mínima de oito dias sobre a data marcada.

Poderá a convocação da assembleia ser também requerida por um número de sócios não inferior à quinta parte da totalidade, se outro número não for indicado nos estatutos.

O que sucede se, requerida a convocatória pelos associados, a direção ou o presidente da mesa, não a convocar?

O nº 3 do citado artigo indica a solução: qualquer associado poderá efetuar a convocatória.

Não é a melhor solução permitir a qualquer associado a convocação da assembleia, tanto mais que existem problemas de ordem prática nessa concretização. Aliás, tais problemas afetam não apenas a materialização da convocatória, como também a condução da própria assembleia. Assim, se o presidente da assembleia não comparecer à assembleia convocada por um associado, colocam-se problemas na condução da assembleia (terá de ser votada a constituição de uma mesa) e as deliberações dificilmente serão acatadas pela direção (no pressuposto de que se criaram grupos antagónicos).

O art. 1057º do Código de Processo Civil prevê que, quando por qualquer forma se impeça a realização de uma assembleia ou o seu funcionamento, o interessado poderá requerer ao juiz a sua convocação. Deferido o pedido, o juiz designa a pessoa que há-de exercer as funções de presidente e ordena a realização de diligências indispensáveis à realização da assembleia.

No entanto, a jurisprudência é contrária à aplicação desta disposição às associações, como se verifica pela transcrição de dois acórdãos proferidos na vigência do anterior Código de Processo Civil, que continha disposição idêntica.

> "Podendo, nas associações, as assembleias ser convocadas diretamente pelos sócios, não é o processo do art. 1486º o meio próprio para a sua convocação" (acórdão da Relação de Lisboa, de 11/5/1979).
>
> "A convocação de assembleias gerais prevista pelo art. 1486º do CPC é meio privativo das sociedades comerciais ou das sociedades civis sob a forma comercial, não aplicável às associações "stricto sensu", em que aos associados é permitida a convocação, nos termos do art. 173º, nº 3, do Código Civil" (acórdão da Relação do Porto, de 19/2/1991).

Face a esta posição dos tribunais, não resta outra solução aos associados senão enveredar pela convocatória da assembleia subscrita por eles próprios (não é necessário que seja apenas por um), com todas as contingências e dificuldades inerentes.

Os estatutos das associações bem como os regulamentos internos (quando existem) contêm as disposições relativas à convocatória das assembleias.

1.1. Assembleias ordinárias

Além da aprovação dos documentos de prestação de contas relativas ao ano anterior (o artigo 173º utiliza a expressão "aprovação do balanço", manifestamente insuficiente), é usual haver lugar a outra assembleia, no final do ano, para aprovação do Plano de Atividades e Orçamento do ano seguinte.

A primeira assembleia referida (prestação de contas) realiza-se no primeiro trimestre do ano, habitualmente em março, à semelhança do que sucede com as sociedades comerciais. Aliás, as organizações do setor social, enquanto sujeitos passivos de IRC estão abrangidas pelo cumprimento de determinadas obrigações declarativas, como seja a declaração anual modelo 22 de IRC.

Numa assembleia de uma associação com sede no Porto, foi questionado por um associado o facto de, além do ponto relativo à aprovação dos documentos de prestação de contas, terem sido inseridas outras matérias para deliberação pelos sócios. Segundo o associado, a assembleia teria de se restringir à "aprovação do balanço", por tal estar consignado no citado artigo 173º do Código Civil, não podendo a ordem de trabalhos conter outros pontos.

Tinha razão? Claro que não. Nada impede que em tal assembleia geral de prestação de contas sejam inseridos outros pontos da ordem de trabalhos, a acrescer ao da aprovação dos documentos de prestação de contas.

Em consonância com o entendimento erróneo (de que não é possível incluir outros pontos na assembleia ordinária), já vimos algumas associações utilizarem outro procedimento, absolutamente desnecessário. Convoca-se uma assembleia geral ordinária para o dia 22 de março, com início às 15 h, para aprovação das contas, e outra para as 17 h, extraordinária, para aprovação de outros pontos.

Trata-se de um procedimento inútil, pois, como referido, é possível inserir todos os pontos na assembleia ordinária, sendo certo que, em bom rigor, não se sabe quando termina a aprovação das contas. Se, por exemplo, terminar às 16 horas, os associados teriam de aguardar uma hora para o início da segunda assembleia, o que se traduziria em perda de tempo.

A segunda assembleia ordinária, que tem lugar nos finais do ano, é de grande importância na vida das associações. A direção apresentou-se com um programa de ação, sufragado no ato eleitoral, para ser cumprido ao longo do mandato. Urge planificar as atividades, ao longo de cada ano, tendo em atenção as receitas previsíveis e as despesas igualmente previsíveis. Por tal razão, a direção deve elaborar criteriosamente o Plano de Atividades e Orçamento, de forma realista, evitando ações que se traduzam na insolvência mas também ousando sair da rotina e quebrar o marasmo.

1.2. Assembleias extraordinárias

Alem das assembleias designadas por ordinárias (que são as que, perante a lei e os estatutos, têm lugar obrigatoriamente), existem ainda as assembleias extraordinárias, convocadas para tratar de assuntos que, como o nome indica, não se integram na ordem de trabalhos das assembleias ordinárias, justificando a realização de uma assembleia especial. Por vezes, são os associados insatisfeitos que promovem a convocação da assembleia, reunindo um número de assinaturas suficiente para o efeito.

Em determinada cidade do Algarve, o presidente da assembleia geral recusou-se a convocar uma assembleia requerida pelos associados, que pretendiam ver demitida a direção, invocando, como motivo da recusa, o facto de o mandato da direção estar "a meio" e esta ter sido eleita para um período de três anos. Tinha razão? Obviamente que não. Constitui um direito dos sócios pronunciarem-se sobre a atuação dos órgãos sociais, sendo certo que o art. 172º, nº 2, preceitua que "são, necessariamente, da competência da assembleia geral a destituição dos titulares dos órgãos da associação, a aprovação do balanço, a alteração dos estatutos, a extinção da associação e a autorização para esta demandar os administradores por factos praticados no exercício do cargo". O argumento utilizado traduzir-se-ia na impossibilidade de destituição, sendo certo que não compete ao presidente da mesa impor a sua opinião sobre a oportunidade da demissão da direção...

Em outra localidade, no norte do país, a mesa da assembleia geral também se recusou a convocar uma assembleia extraordinária para destituição da direção, com o fundamento de os motivos invocados para a destituição não serem suficientemente graves. Obviamente que procedeu mal, pois a avaliação é da competência dos próprios sócios, reunidos em assembleia. A entidade a quem é pedida a convocatória apenas tem de verificar a regularidade formal do pedido, designadamente se vem subscrito pelo número de sócios indispensável para a convocatória.

2. CONDOMÍNIOS

Art. 1431º do Código Civil

> "1. A assembleia reúne-se na primeira quinzena de janeiro, mediante convocação do administrador, para discussão e aprovação das contas respeitantes ao último ano e aprovação do orçamento das despesas a efetuar durante o ano.
>
> 2. A assembleia também reunirá quando for convocada pelo administrador, ou por condóminos que representem, pelo menos vinte e cinco por cento do capital investido".

Na prática dos condomínios, as assembleias ordinárias têm lugar não na primeira quinzena de janeiro mas na segunda, devido à necessidade de fechar as contas do ano anterior. Nada impede a fixação de data diferente, desde que não haja oposição dos condóminos.

Quanto à convocação das assembleias, o art. 1432º do Código Civil estabelece a obrigatoriedade de ser efetuada por meio de carta registada, enviada com dez dias de antecedência, ou por meio de aviso convocatório efetuado com a mesma antecedência de dez dias desde que haja recibo de receção assinado pelos condóminos. O recibo de receção acaba por se consubstanciar numa folha, onde consta a identificação de frações e o nome dos condóminos, bem como a menção dos elementos relativos à convocatória (data da assembleia e sua ordem de trabalhos), assinando os condóminos essa folha no espaço reservado às assinaturas. Apenas os que não vivem no prédio são convocados por carta registada ou por meio de correio eletrónico (convém darem o seu consentimento escrito a esta forma de convocação). Privilegia-se o uso deste método para evitar as despesas de correio, como sucede, aliás, com as assembleias de outras entidades.

Embora a lei o não imponha, é também habitual a afixação do aviso convocatório no átrio de entrada do prédio.

3. SOCIEDADES COMERCIAIS

Nas sociedades comerciais, as assembleias gerais são constituídas pelos seus sócios (sociedades por quotas) ou acionistas (sociedades anónimas), titulares do capital social.

3.1. Sociedades por quotas

Nas sociedades por quotas, as assembleias são convocadas por qualquer dos gerentes, mediante carta registada expedida com a antecedência de 15 dias (art. 248º, nº 3, do Código das Sociedades Comerciais).

A presidência da assembleia cabe ao sócio que possuir ou representar a maior fração de capital social; em igualdade de circunstâncias, cabe ao sócio mais velho.

3.2. Sociedades anónimas

Quanto às sociedades anónimas, a convocação das assembleias compete ao presidente da mesa; em alguns casos especiais previstos na lei, ao tribunal, ao conselho fiscal ou ao conselho geral (art. 377º, CSC)

Quando a convocação tenha sido requerida ao presidente da mesa e este não a tenha feito, pode a assembleia ser convocada pelo conselho fiscal ou pelo conselho geral (art. 377º, nº 7, do Código das Sociedades Comerciais, adiante referido abreviadamente por CSC).

Sendo as ações nominativas, pode o contrato de sociedade substituir as publicações por cartas registadas dirigidas aos acionistas e, relativamente aos que prestem o seu consentimento, por envio de simples correio eletrónico com recibo de leitura.

As normas do Código das Sociedades Comerciais relativas às sociedades anónimas aplicam-se às sociedades por quotas, pelo que será legítima a pergunta: podem os sócios das sociedades por quotas ser também convocados por e-mail, em vez de carta registada? Sim, desde que o contrato de sociedade (pacto social) o permita. Na prática, quando os sócios se dão bem, dispensam a carta registada, fazendo menção na ata que todos estiveram presentes.

O que sucede quando há recusa na convocatórias das assembleias, nestes dois tipos de sociedades (por quotas e anónimas)?

No caso das sociedades por quotas, os sócios poderão requerer a convocação judicial da assembleia (arts. 248º, nº 1 e 375º, nº 6, CSC), através do processo especial previsto do art. 1057º do Código de Processo Civil, já referido no nº 1 deste capítulo. Muito embora o CSC não contenha norma expressa relativamente às sociedades anónimas, e preveja a possibilidade de o conselho fiscal, a comissão de auditoria ou o conselho geral e de supervisão poderem convocar a assembleia em caso de recusa pelo presidente da mesa da assembleia geral (art. 377º, nº 7), o certo é, em caso de não resultar tal possibilidade, a única solução será recorrer ao processo especial previsto no Código de Processo Civil. A própria redação deste artigo não restringe a convocação judicial às sociedades por quotas.

4. QUEM CONVOCA AS REUNIÕES NA ADMINISTRAÇÃO PÚBLICA

"Sempre que a lei não disponha de forma diferente, cada órgão colegial da Administração Pública tem um presidente e um secretário, a eleger pelos membros que o compõem" (art. 21º, nº 1, do Código do Procedimento Administrativo).

Na falta de determinação legal, estatutária ou regimental ou de deliberação do órgão, cabe ao presidente a fixação dos dias e horas das reuniões ordinárias. Quanto às reuniões extraordinárias, têm lugar mediante convocação do presidente, salvo deliberação em contrário (art. 24º, nº 2, CPA).

O presidente é obrigado a convocar reuniões extraordinárias, sempre que um terço dos vogais o solicite por escrito, indicando o assunto que desejam ver tratado.

5. CONVOCAÇÃO DE ASSEMBLEIAS NOS ÓRGÃOS AUTÁRQUICOS

Nas autarquias os órgãos executivos (junta de freguesia e câmara municipal) efetuam reuniões e os órgãos deliberativos (assembleia de freguesia e assembleia municipal) assembleias.

5.1. Assembleia de freguesia

Compete ao presidente da assembleia de freguesia "convocar as sessões ordinárias e extraordinárias (art. 14º, nº 1, al. b) da Lei nº 75/2013, de 12 de setembro) e ao presidente da assembleia municipal idêntica função, relativamente às assembleias municipais (art. 30º, nº 1, al. b) do diploma).

A assembleia de freguesia reúne em quatro sessões ordinárias anuais, em abril, junho, setembro e novembro ou dezembro, convocadas com uma antecedência mínima de oito dias (art. 11º, nº 1). Quanto às sessões extraordinárias, podem ser convocadas por iniciativa da mesa ou após requerimento do presidente da junta, em cumprimento de deliberação desta, de um terço dos membros da assembleia e por um número de cidadãos eleitores mínimo (art. 12º, nº 1). Caso o presidente da assembleia de freguesia não convoque a sessão extraordinária, podem os requerentes convocá-la diretamente.

5.2. Assembleia municipal

Quanto à assembleia municipal, compete ao seu presidente a convocação das sessões ordinárias e extraordinárias (art. 30º, nº , al. b).

A assembleia reúne em cinco sessões ordinárias anuais, em fevereiro, abril, junho, setembro, novembro ou dezembro, igualmente convocadas com uma antecedência mínima de oito dias.

As sessões extraordinárias têm lugar por iniciativa do seu presidente, da mesa ou após requerimento do presidente da câmara municipal, em cumprimento de deliberação desta, de um terço dos seus membros ou de um número de cidadãos eleitores mínimo (art. 28º).

Em ambos os órgãos, na primeira sessão do ano tem lugar a apreciação e votação dos documentos de prestação de contas do ano anterior a na última sessão a aprovação do plano e da proposta de orçamento para o ano seguinte.

Capítulo IV

O Aviso Convocatório

O aviso convocatório destina-se a dar a conhecer a convocação da assembleia. Não é um convite, como sucede com uma festa de casamento, mas uma interpelação para o cumprimento de um dever associativo (no caso das associações), societário (no caso das sociedades comerciais), cívico e político (no caso das autarquias) e de condomínio (no caso das assembleias de condóminos).

1. PUBLICAÇÕES

A lei ou os estatutos poderão impor a sua publicação.

Tradicionalmente, quando a lei impunha a publicação em jornal, as convocatórias eram inseridas como publicidade em jornal local: atualmente, temos a possibilidade as publicar no site do Portal da Justiça, em publicações on line de atos societários. Como se lê no site https://publicacoes.mj.pt,

> "Esta funcionalidade aplica-se, no que respeita às sociedades, aos actos societários não sujeitos a registo comercial (avisos, anúncios e convocatórias das sociedades anónimas, dirigidos a sócios ou a credores, quando a lei ou o contrato os mandem publicar), que os interessados escolherem remeter ao IRN, I.P. mediante transmissão electrónica de dados, tal como previsto no nº 3 do Art. 2.º da Portaria nº 590-A/2005 de 14 de Julho. Como tal, não tem qualquer aplicação relativamente às conservatórias do registo comercial.

Relativamente às associações, esta funcionalidade aplica-se, também, aos avisos, anúncios e convocatórias, quando a lei ou os estatutos os mandem publicar.

No que respeita às fundações, para além da publicação dos avisos, anúncios e convocatórias, nos termos acima referidos, esta funcionalidade aplica-se ainda aos actos de constituição, alteração e dissolução.

No menu principal, clique em **Pedido de Publicação** que o remeterá para a recolha de dados a publicar."

2. ASSOCIAÇÕES

Importa conjugar as disposições do Código Civil com os estatutos e regulamentos aprovados.

2.1. Requisitos da convocatória

O aviso convocatório deve conter a efetiva convocação dos sócios, a menção concreta do dia, hora e local onde se vai realizar a assembleia, os assuntos que vão ser debatidos e sujeitos a deliberação, a indicação do tipo de assembleia (ordinária ou extraordinária) e a data e assinatura da pessoa que convoca.

A efetiva convocação implica a inserção do título do anúncio "Convocatória" ou "Aviso Convocatório". Lendo a convocatória, os destinatários devem tomar de imediato conhecimento de que se vai realizar uma assembleia e quais os assuntos.

Quanto ao local, como regra, as assembleias realizam-se na sede da entidade. Mas poderá suceder, por razões de espaço ou outras, que tenham lugar em outro local. Quer se realizem na sede quer em outro local, é indispensável a sua indicação, de modo a que os associados saibam onde deverão comparecer.

No que respeita à indicação dos assuntos, além da sua especificação na ordem de trabalhos, convém disponibilizar aos destinatários os documentos que já existam relativos ao ponto da ordem de trabalhos.

Por exemplo, na assembleia ordinária que irá aprovar os documentos de prestação de contas do ano anterior, a direção deverá disponibilizar aos associados a consulta, na sua sede, dos documentos, de forma a permitir a leitura e análise prévias à assembleia. Trata-se de um corolário do dever de informação.

Qual a antecedência de tal disponibilização? A lei não o refere, pelo que é razoável o prazo de oito dias, que corresponde à exigência legal de antecedência da convocatória nas associações.

O aviso convocatório deverá mencionar essa disponibilização de documentos.

Qual a razão do não envio dos documentos digitalizados por e-mail? Poderão conter informação reservada e uma coisa é o associado poder consultar na sede os documentos e outra, completamente diferente, é a possibilidade de, mediante um simples clique, tal informação ser conhecida por terceiros, estranhos à entidade.

Com inusitada frequência, os avisos convocatórios contêm a menção "assuntos de interesse geral". É óbvio que tal ponto da ordem de trabalhos, permitindo a discussão sobre qualquer assunto, não permite que sobre os mesmos sejam tomadas deliberações válidas, já que a matéria específica sobre a qual recaiu a deliberação não constava da ordem de trabalhos.

Além da assinatura de quem expede a convocatória, deve constar o nome legível. Com frequência, o nome vem antecedido pelo título académico (Dr., Engº....). Trata-se de um reflexo da "doutorite", tão arreigada nos nossos costumes. A lei exige que os documentos sejam assinados e assinar é apor a assinatura e não designar um título.

Veja-se, no final, aviso convocatório, **doc. 1**.

A segunda convocatória

Art. 175º, nº 1, do Código Civil

> "A assembleia não pode deliberar, na primeira convocação, sem a presença de metade, pelo menos, dos seus associados".

Face à exigência legal da presença de metade dos associados, sabendo-se de antemão que esse número não vai ser atingido na primeira convocação, é possível e aconselhável, logo na primeira convocação, marcar a realização da assembleia, em segunda convocatória, para uma hora depois.

A intenção do legislador terá sido, certamente, a de a segunda convocatória indicar outro dia, mas a prática das associações consiste na menção de que a assembleia se realizará, em segunda convocatória, uma hora depois.

Não faria sentido penalizar os presentes, obrigando-os a terem de comparecer outro dia, quando já se sabe de antemão que, na maior parte dos casos, a segunda convocação em outro dia não trará mais associados.

Por isso, no aviso convocatório é vulgar uma menção como esta:

> "Se, à hora marcada, não estiverem presentes metade dos associados, a assembleia realizar-se-à, em segunda convocatória, uma hora depois, às x horas".

2.2. Continuação dos trabalhos

Será necessária nova convocatória se a assembleia for interrompida, não se tornando possível esgotar a ordem de trabalhos?

Não. Uma vez iniciados os trabalhos, em caso de interrupção, seja ela qual for, a sessão da assembleia terá lugar em nova data, a designar pelo presidente, considerando-se que estaremos em presença da mesma assembleia (ainda que em segunda sessão).

Se, porém, a nova data não for logo designada no final da sessão interrompida, terá de haver convocação formal da segunda sessão.

2.3. O uso de assinatura de chancela na convocatória

Por vezes, os presidentes das assembleias têm a sua assinatura aposta em carimbo, dando indicações a alguém da sua confiança para a sua utilização, evitando, deste modo, a sua deslocação apenas para efeito de assinar uma convocatória. É o que se chama assinatura por chancela.

Será lícito este procedimento?

O art. 373º, nº 2, do Código Civil estatui que "nos títulos emitidos em grande número ou nos demais casos em que a lei o admita, pode a assinatura ser substituída por simples reprodução mecânica".

Face a tal disposição, o uso da chancela, como forma substitutiva da assinatura original do presidente, apenas será permitida se os destinatários da convocatória forem em grande número e tiverem de receber um aviso convocatório individualizado.

Na prática, extraem-se fotocópias do original da convocatória.

3. SOCIEDADES COMERCIAIS

O art. 171º do Código das Sociedades Comerciais enuncia os requisitos da convocatória das sociedades comerciais.

Assim, a convocatória deve conter o lugar, dia e hora da reunião; a indicação da espécie, geral ou especial, da assembleia; os requisitos a que porventura estejam subordinados a participação e o exercício do direito de voto; a ordem do dia; se o voto por correspondência não for proibido pelos estatutos, descrição do modo como se processa, incluindo o endereço, físico ou eletrónico, as condições de segurança, o prazo para a receção das declarações de voto e a data de cômputo das mesmas.

"I – A menção dos assuntos a tratar na reunião constante da convocatória da assembleia geral deve ser clara e precisa, não devendo ser efetuada de modo genérico.

II – Constando apenas da convocatória que a reunião se destinava a "discutir e deliberar sobre a reestruturação da atividade da sociedade e respetiva transmissão de ativos", não podia ser objeto de deliberação o trespasse do estabelecimento comercial da sociedade.

III – Resultando deste trespasse a cessação do contrato de franquia de distribuição no qual a sociedade tinha a posição de franquiada, tal deliberação também se assume como abusiva porque sobrepõe os interesses da sócia maioritária, que também era a franquiadora naquele contrato, aos interesses da sociedade"(acórdão do Supremo Tribunal de Justiça, de 27/6/2002).

Também o acórdão do mesmo Supremo Tribunal de 15/5/2015, concluiu que

> "1. O nº 8 do art. 377º do Código das Sociedades Comerciais, impõe que o aviso convocatório "*deve mencionar claramente o assunto sobre o qual a deliberação será tomada*".
>
> 2. Se, em alguns casos, se pode conceber que a simples menção do assunto ou tema, pode ser suficiente para habilitar os sócios a discutir e a deliberar, no caso de destituição de sócio de uma sociedade de quotas, a não identificação do sócio a destituir e a omissão de indicação mínima dos fundamentos da sua destituição, viola o direito do sócio a defender-se, impondo-lhe, desproporcionalmente, um estado de quase indefesa.
>
> 3. A mera indicação, constante do aviso convocatório da assembleia geral de uma sociedade por quotas "*destituição de sócio*", sem a identificação do visado, com total omissão da indicação sucinta dos fundamentos, afronta o direito de defesa e exprime um vício procedimental gerador de anulabilidade, nos termos do art. 58º, nº 1, c) e nº 4 a) do Código das Sociedades Comerciais, por afectar o direito de informação do destituindo, previsto nos arts. 248º, nº 1, e 289º do citado diploma".

No caso das assembleias de prestação de contas, devem ser disponibilizadas aos sócios todas as informações sobre a situação económica da sociedade.

> "Sem informação verdadeira, completa e elucidativa sobre a situação da sociedade, qualquer sócio não está habilitado a discutir construtivamente o tema da ordem do dia e a votar conscientemente; não tendo sido respeitado esse direito à informação, as deliberações tomadas em assembleia geral são anuláveis, de acordo com o art. 58º, nº 1, do Código das Sociedades Comerciais" (acórdão do Supremo Tribunal de Justiça, de 17/4/2007).

Veja-se, no final, aviso convocatório de sociedade anónima, **doc. 2**.

4. CONDOMÍNIOS

É precisamente nos avisos convocatórios das assembleias de condóminos que se verifica, com maior frequência, a inclusão de um ponto com a formulação "Outros assuntos de interesse geral".

Já nos debruçámos sobre a ilegalidade de deliberações tomadas ao abrigo de tal ponto. No entanto, estando os condóminos de acordo, e não se suscitando impugnações de deliberações tomadas, o vício que afeta a deliberação fica sanado.

Compreende-se a inclusão do ponto, pois destina-se a permitir que cada condómino possa apresentar questões que, de outra forma, não seria prático suscitar.

5. ADMINISTRAÇÃO PÚBLICA

O art. 24º, nº 3, do Código do Procedimento Administrativo exige que da convocatória constem, de forma expressa e especificada, os assuntos a tratar na reunião e que constituem a ordem de trabalhos ou ordem do dia.

Por sua vez, o art. 25º enuncia que "a ordem dos dia de cada reunião é estabelecida pelo presidente, devendo incluir os assuntos que para esse fim lhe sejam indicados por qualquer vogal, desde que sejam da competência do órgão e o pedido seja apresentado por escrito com uma antecedência mínima de cinco dias sobre a data da reunião".

A ordem do dia deve ser entregue a todos os membros com a antecedência de pelo menos 48 horas sobre a data da reunião.

6. ÓRGÃOS AUTÁRQUICOS

A Lei nº 75/2015, de 12 de setembro, que estabelece o regime jurídico das autarquias locais, especifica que "só podem ser objeto de deliberação os assuntos incluídos na ordem do dia da sessão ou reunião" (art. 50º, nº 1); porém, nos termos do nº 2 do mesmo artigo, "tratando-se de sessão ordinária de órgão deliberativo, e no caso de urgência reconhecida por dois terços dos seus membros, pode o mesmo deliberar sobre assuntos não incluídos na ordem de trabalhos".

Esta última disposição raramente é utilizada nos órgãos autárquicos. De registo também a disposição do art. 51º, pelo qual "a ilegalidade resultante da inobservância das disposições sobre convocação de sessões ou reuniões só se considera sanada quando todos os membros do órgão compareçam e não suscitem oposição à sua realização".

Veja-se, no final, edital relativo à convocação de assembleia de freguesia, **doc. 3**.

Capítulo V

Período antes da Ordem do Dia

1. O QUE É?

A ordem de trabalhos contém os pontos sujeitos a discussão e deliberação da assembleia, para os quais esta foi convocada. Mas é habitual, antes de se entrar propriamente na ordem de trabalhos, existir um período chamado "Antes da ordem do dia" ou "Antes da ordem de trabalhos". Em alguns casos, como sucede com a Lei das Autarquias Locais, chega mesmo a ser obrigatório, denominando-se na gíria PAOD.

Qual a razão de ser deste período?

A enunciação dos assuntos da ordem de trabalhos corresponde à necessidade de aprovar determinadas medidas, pelo que apenas estas matérias constarão da convocatória. No entanto, é natural que os participantes da assembleia pretendam suscitar questões, umas de interesse geral outras mais individualizado, aproveitando a presença dos responsáveis da pessoa coletiva.

Como a colocação de tais questões não tem cabimento nos pontos da ordem de trabalhos, pois não existe a conexão necessária entre as matérias, poderão fazê-lo num período prévio à entrada na ordem de trabalhos. Por isso se designa esse período por período antes da ordem de trabalhos ou antes da ordem do dia.

O período antes da ordem do dia destina-se, assim, a permitir que os presentes possam colocar quaisquer tipo de questões a quem está à frente das associações ou pessoas coletivas em geral, pedindo esclarecimentos, formulando recomendações, elogiando ou criticando. Também poderão apresentar moções que, a serem admitidas, ficam sujeitas a discussão e votação.

2. OBRIGATORIEDADE

Será obrigatório o período antes da ordem do dia?

A resposta está na lei e nos regulamentos das pessoas coletivas.

2.1. Associações

No que respeita às associações, onde as assembleias gerais adquirem grande vitalidade, não existe normal legal que o imponha.

O Código Civil, que contempla o regime das associações nos arts. 167º e seguintes, refere, no art. 174º, nº 1, que "a assembleia geral é convocada por meio de aviso postal, expedido para cada um dos associados com a antecedência mínima de oito dias; no aviso indicar-se-à o dia, hora e local da reunião e a respetiva ordem de trabalhos". Não há qualquer referência ao período antes da ordem do dia. Por isso, a não ser que os estatutos ou o regulamento interno da associação o imponham, não existe obrigatoriedade de período antes da ordem do dia.

Roque Laia, na sua obra "Guia das Assembleias Gerais" admite implicitamente a não obrigatoriedade do período antes da ordem do dia, ao escrever:

> "Nas coletividades onde não exista, ou não se exerça essa possibilidade de estudo que a crítica pressupõe e impõe, dá-se a fossilização e anquilosamento das gerências, não tardando a verificar-se um autêntico divórcio entre os gerentes e os geridos e o marasmo da vida da coletividade" (pág. 306).

Muitos regulamentos internos contemplam o período antes da ordem do dia. Mesmo que assim não seja, é sempre recomendável abrir o período;

aliás, é frequente nas convocatórias constar como primeiro ponto "Informações", que acaba por ter a natureza do período antes da ordem do dia, sem essa denominação.

De qualquer modo, repetimos, não havendo na lei obrigatoriedade de período antes da ordem do dia, e nada constando nos estatutos ou no regulamento interno, bem como no aviso convocatório, a assembleia pode entrar diretamente na ordem de trabalhos, não havendo, consequentemente, período antes da ordem do dia.

2.2. Condomínios

O Código Civil, que contempla o regime da propriedade horizontal, não contém nenhuma exigência de período antes da ordem do dia nas assembleias de condóminos.Porém, é de todo o interesse que as assembleias consagrem o período, pois há sempre problemas diversificados. Privar os condóminos de expor tais problemas seria uma violência desnecessária e até contraproducente.

2.3. Sociedades comerciais

O Código das Sociedades Comerciais não contém a obrigatoriedade de um período antes da ordem do dia nas assembleias. Todavia, sendo estas constituídas pelos sócios (sociedade por quotas) ou acionistas (sociedades anónimas), titulares do direito à informação, e estando presentes nas assembleias os órgãos de gestão (gerentes, no caso de sociedade por quotas e conselho de administração, no caso de anónimas) é da maior naturalidade no início da assembleia abrir-se um período de informações.

2.4. Administração Pública

O Código do Procedimento Administrativo (CPA), aprovado pelo Dec-Lei nº 4/2015, de 7 de janeiro, contém, no capítulo II da Parte II (dos órgãos da Administração Pública), normas sobre as reuniões dos órgãos colegiais, não havendo qualquer menção ao período antes da ordem do dia.

O artº 27º preceitua:

> "1. As reuniões dos órgãos da Administração Pública não são públicas, salvo disposição legal em contrário.
>
> 2. Quando as reuniões hajam de ser públicas, deve ser dada publicidade aos dias, horas e locais, de forma a garantir o conhecimento dos interessados com uma antecedência de, pelo menos, 48 horas sobre a data da reunião.
>
> 3. Quando a lei o determina ou o órgão tiver deliberado nesse sentido, podem os assistentes às reuniões públicas intervir para comunicar ou pedir informações, ou expressar opiniões, sobre assuntos relevantes da competência daquele".

Resulta das normas transcritas que as reuniões só são públicas quando a lei assim o impuser. A regra geral é não o serem, pelo que apenas estão presentes os titulares do órgão.

Se a reunião for pública e a lei o determinar ou órgão assim o tiver deliberado, abre-se um período para os assistentes colocarem questões. Trata-se, assim, de um período aberto ao público que, em rigor, deve constar na convocatória.

2.5. Órgãos autárquicos

2.5.1. Intervenção do público

Na mesma linha, o art. 49º, nº 1, da Lei nº 75/2013, de 12 de setembro (que estabelece o regime jurídico das autarquias locais) estatui que "as sessões dos órgãos deliberativos das autarquias locais são públicas, sendo fixado, nos termos do regimento, um período para intervenção e esclarecimento do público".

Deste modo, as assembleias de freguesia e as assembleias municipais são sempre reuniões públicas.

Assembleias → Públicas

Quanto aos órgãos executivos (junta de freguesia e câmara municipal), realizam pelo menos uma reunião pública mensal, sendo igualmente fixado um período para intervenção do público.

Como se referiu em 2.4, esse período aberto ao público não se confunde com o período antes da ordem de trabalhos, ocorrendo, aliás, na maior parte das vezes após o termo dos assuntos que constam na ordem de trabalhos. Quando, no entanto, a ordem de trabalhos é muito extensa e está presente um grupo de cidadãos, pretendendo apresentar uma questão concreta de interesse geral, ou muitas pessoas do público a assistir, é de bom tom o órgão deliberativo permitir que o público use da palavra antes de se entrar na ordem de trabalhos.

Tendo em vista a possibilidade de resposta imediata pelos responsáveis às questões colocadas pelo público, solicita-se, por vezes, que os cidadãos que pretendam usar da palavra se inscrevam com alguns dias de antecedência, indicando o assunto que pretendem abordar.

As questões colocadas pelo público, quando requerem resposta dos responsáveis, correspondem a verdadeiras interpelações. Se o regimento do órgão condicionar a intervenção à inscrição com a referida antecedência, entendemos que é legítimo restringir o uso da palavra aos que se inscreveram com essa antecedência. Ou seja, apenas poderão usar da palavra os que se tiverem inscrito com a antecedência mencionada; já não será assim se o regimento for omisso, caso em que não é possível a restrição.

2.5.2. Período antes da ordem do dia

> "Em cada sessão ou reunião ordinária dos órgãos das autarquias locais é fixado um período de antes da ordem do dia, com a duração máxima de 60 minutos, para tratamento de assuntos gerais de interesse autárquico"(art. 52º da Lei nº 75/2013).

Primeira restrição: apenas nas sessões ordinárias existe o período antes da ordem do dia. Nas restantes, ou seja, nas extraordinárias, não há obrigatoriedade de período antes da ordem do dia. Porém, nada impede que o regimento do órgão o contemple para as sessões extraordinárias ou que, perante determinada situação, o próprio órgão o delibere.

O grande problema de funcionamento nos órgãos deliberativos consiste na eternização do período antes da ordem do dia, que chega a exceder em larga medida o período da ordem de trabalhos. Tal resulta, em grande parte, do facto de surgirem moções sobre as mais diversas matérias, incluindo de política internacional, inviabilizando, na prática, a restrição ao "tratamento de assuntos gerais de interesse autárquico".

No entanto, entendemos que, por mais liberal que seja a interpretação, deve sempre haver um mínimo de conexão entre o assunto apresentado e o interesse autárquico. Por exemplo, no plano internacional, haverá conexão autárquica se se estiver a discutir o aquecimento global e a necessidade de os países tomarem medidas de salvaguarda do ambiente; mas já não terá seguramente interesse autárquico a discussão do conflito israelo-árabe, a não ser que se entenda que um órgão autárquico constitui uma mini Assembleia da República, órgão de soberania.

Sob o pretexto de que tudo tem interesse autárquico, entra tudo no período antes da ordem do dia. E a "duração máxima de 60 minutos" estende-se não raras vezes até próximo do final da sessão, para espanto do público presente, que não compreende como se pode passar tanto tempo em intervenções que em nada se relacionam com os interesses locais...

Para ilustrar o referido, reproduzimos um documento de reflexão de um membro de uma assembleia municipal, no mandato autárquico 2013-2017:

"PERÍODO ANTES DA ORDEM DO DIA: SEUS LIMITES

A última Assembleia Municipal tinha dois pontos da ordem de trabalhos: Ponto 1 – Informação Escrita sobre a Atividade e Situação Financeira do Município Ponto 2 – Designação de representante da Assembleia Municipal na Comissão de Acompanhamento do PDM.

Convocada para se iniciar às 14h, terminou às 18 h. Quando terminou, não se tinha esgotado o ponto 1, pois apenas se entrou nesse ponto às 17,45. Tal não se deveu a qualquer deficiência na condução dos trabalhos. A este respeito, importa referir que o Presidente da Assembleia Municipal tem desempenhado as suas funções de forma exemplar.

O problema reside no eternizar do período antes da ordem do dia, originado pela proliferação de moções, muitas das quais sem qualquer relevância autárquica. De acordo com a lei, o período antes da ordem do dia tem a duração máxima de uma hora e tem por objeto a discussão de "assuntos gerais de interesse para a autarquia".

No caso concreto da assembleia municipal, o regimento contempla a duração máxima de uma hora. Porém, essa hora é multiplicada, não se esgotando a ordem do dia, por mais simples que esta seja (como sucedeu com a última assembleia). Urge refletir sobre esta questão, que interessa a todos os membros da assembleia municipal, que estarão, certamente, interessados em conferir maior produtividade ao órgão autárquico de que fazem parte. É o propósito deste apontamento, em que me socorro da obra "Guia do Autarca", Almedina, 3ª edição, 2006.

Aí se lê, sob o tema

"REUNIR PARA QUÊ?:

"Parte considerável do tempo de um autarca é gasto em reuniões. Para quê reunir? Um órgão coletivo, seja deliberativo seja executivo, expressa a sua vontade quando os seus elementos estão devidamente esclarecidos e preparados para votar. A reunião destina-se a debater os assuntos, permitindo o esclarecimento dos presentes, que formam a sua convicção após discussão" (pág. 75, obra citada). No caso específico da Assembleia Municipal, a sessão é convocada para deliberar sobre a matéria da ordem de trabalhos. São esses os pontos que justificaram a convocatória. O período antes da ordem do dia é, assim, acessório e secundário.

REUNIÕES INÚTEIS

"É verdade que muitas reuniões constituem autêntica perda de tempo. Há quem goste de se ouvir, em exercícios narcisistas, obrigando os outros a escutar longos discursos. Como se não bastasse, os oradores seguintes repetem até à exaustão o que foi anteriormente dito" (pág. 75, obra citada).

PERÍODO ANTES DA ORDEM DO DIA: Os pontos da ordem de trabalhos, que constam da convocatória, não esgotam os assuntos. É natural que os autarcas pretendam informações, dirigir outras questões, suscitar problemas, aprovar moções, questionar o executivo, apresentar reclamações e sugestões. Para evitar que o período antes da ordem do dia se eternize, os regimentos contêm limites de duração. De acordo com a lei, devem restringir-se aos "assuntos gerais de interesse para a autarquia"(pág. 81, obra citada). Embora a lei não contenha uma proibição a que sejam tratadas questões de política nacional ou internacional, o certo é que o legislador pretendeu que o período antes da ordem do dia seja centrado nas questões de relevância autárquica, neste caso, municipal. Nada impede que se discutam questões nacionais e o nosso regimento, aliás, prevê essa possibilidade. Todavia, constitui uma perversão privilegiar questões políticas nacionais, em detrimento das locais. Fazê-lo, levou o insuspeito jornal regional "Mirante", na sua edição de 6/3/2014, a colocar o título "AUTARCAS DA ASSEMBLEIA MUNICIPAL DE VILA FRANCA DE XIRA "COM JEITINHO" PARA A POLÍTICA", ironizando com o facto de na última assembleia deste órgão terem sido apresentadas seis moções no período antes da ordem do dia, a maioria das quais nada tinha a ver com o município.

ECONOMIA DE MEIOS: Num período de grande contenção orçamental, impõe-se rigor, também para os membros da assembleia municipal. O não esgotamento da ordem dos trabalhos obriga à realização de novas assembleias (uma vez que não se realizam sessões de continuação, como sucede em outros municípios). Tal procedimento origina mais encargos para o município, o que devia ser certamente não ser desejado por ninguém. Aqueles que clamam por rigor na gestão deviam ser os primeiros a preocupar-se em não originar despesas escusadas.

HÁ QUE MUDAR! A mudança custa sempre e existe sempre um espírito reacionário em cada um de nós. Mas importa mudar, para bem do nosso município. Não somos obrigados a cometer os erros dos anteriores mandatos. Mudar mentalidades, só nos prestigiará!"

3. DURAÇÃO DO PERÍODO

Pergunta-se agora: que fazer, em tais situações em que a duração prevista para o período antes da ordem do dia se esgota, sem que tenham terminado os assuntos?

Se a duração do período antes da ordem do dia se encontra fixada (por exemplo, 60 minutos), o presidente da mesa pode, expirado esse prazo, declarar encerrado o período antes da ordem do dia e entrar na ordem de trabalhos, sem prejuízo de haver algum presente que requeira a prorrogação do período. Em tal caso, de requerimento de prorrogação, passa-se imediatamente à votação e apenas se a maioria decidir é que o período é prorrogado.

Este é o procedimento correto, raras vezes adotado. Seja por inércia, seja pela própria pressão dos que pretendem eternizar o período antes da ordem do dia, o presidente da assembleia acaba por não tomar a posição firme de declarar terminado o período antes da ordem do dia.

Urge adotar uma conceção exigente de racionalização do tempo gasto em reuniões, não fazendo sentido eternizar o período de antes da ordem do dia em exercícios de retórica.

Se no período de antes da ordem do dia não houver inscrições ou as intervenções findarem antes do termo do período, o presidente da mesa deve passar ao ponto um da ordem de trabalhos, não fazendo sentido aguardar o termo do período.

Capítulo VI
A Mesa da Assembleia Geral

1. COMPOSIÇÃO DA MESA

1.1. Associações

A assembleia geral, constituída pelos associados, expressa a vontade da associação ou pessoa coletiva. Para que funcione com um mínimo de disciplina e organização, necessita de um órgão, que a ponha em movimento e a conduza; este órgão é a mesa da assembleia geral, onde se destaca a figura do presidente, com poderes autónomos.

A denominação "mesa" deriva certamente do facto de os membros que compõem esse órgão estarem sentados atràs de uma mesa, em lugar de destaque, virados para os presentes, onde concentram a documentação necessária aos trabalhos, enquanto a generalidade dos associados se senta em cadeiras, sem mesa, espalhados pela sala.

MESA { Presidente / 1º Secretário / 2º Secretário }

A mesa é constituída pelo presidente, pelo 1º secretário e pelo 2º secretário.

O art. 162º do Código Civil, aplicável à generalidade das pessoas coletivas, refere que "os estatutos da pessoa coletiva designarão os respetivos órgãos, entre os quais haverá um órgão colegial de administração e um conselho fiscal, ambos constituídos por um número ímpar de titulares, dos quais um será o presidente". Não há uma referência à mesa da assembleia, tal como não há uma referência nas normas específicas relativas às associações (arts. 167º e seguintes).

Todavia, a expressão "entre os quais" significa que não está excluída a possibilidade de os estatutos acolherem a existência de outros órgãos, como é o caso da assembleia geral. O que é obrigatório é terem um órgão colegial de administração e direção e um conselho fiscal. A generalidade dos estatutos de associações e pessoas coletivas consigna a existência de uma mesa da assembleia geral, constituída por três elementos.

Os membros da mesa são eleitos em lista conjunta com os restantes órgãos sociais (direção e conselho fiscal). Nada impede que duas listas diferentes incluam para o órgão mesa da assembleia geral as mesmas pessoas, já que as funções a desempenhar pela mesa implicam isenção e equidistância. Por isso, não repugna que os elementos das duas listas estejam de acordo em apresentar os mesmos elementos para a assembleia geral. Mas é caso raro, pois normalmente os associados, em caso de listas diversas, acabam por alinhar por esta ou aquela.

1.2. Condomínios

Nas assembleias dos condóminos, a função da mesa é desempenhada pelo administrador do condomínio, a quem compete a sua convocação. É o administrador que dirige a assembleia e elabora a ata. Compreende-se que assim seja, pois os condóminos pretendem que os assuntos relativos ao condomínio sejam tratados pelo administrador e ninguém melhor do que ele para dirigir a reunião, que acarreta, necessariamente, trabalho.

O regulamento de condomínio pode atribuir a condução dos trabalhos a outrem, tal como nada impede que, em determinada assembleia em que possa existir um diferendo com o administrador, os condóminos deliberem a constituição de uma mesa específica para essa reunião.

O regulamento poderá ter uma cláusula como esta:

> "As assembleias serão presididas por um presidente assistido por dois secretários, os quais serão designados em cada reunião, logo no seu início, pela maioria dos condóminos presentes, exercendo aquele cargo enquanto tal reunião durar ou em segunda convocatória no caso de falta de quórum".

Naturalmente que apenas em assembleias com um número muito elevado de condóminos se justificará uma mesa autónoma.

1.3. Sociedades comerciais

Já sabemos que nas sociedades por quotas a presidência da assembleia cabe ao sócio que possuir ou representar a maior fração de capital social; em igualdade de circunstâncias, ao sócio mais velho. Poderão os sócios, com o acordo daquele a quem compete presidir à assembleia, designar outro sócio para a condução dos trabalhos.

Quanto às sociedades anónimas, o art. 374º do Código das Sociedades Comerciais, sob a epígrafe "Mesa da assembleia geral", estatui que "a mesa da assembleia geral é constituída, pelo menos, por um presidente e por um secretário".

Habitualmente, quando são eleitos os membros do conselho de administração e do conselho fiscal é igualmente eleita a mesa da assembleia geral; mas os estatutos poderão consignar que os membros da mesa sejam eleitos pela assembleia geral, de entre os acionistas ou outras pessoas. Sobretudo as maiores sociedades anónimas escolhem para o cargo de presidente da mesa figuras de prestígio, frequentemente advogados, não apenas pela sua capacidade de condução de reuniões mas, sobretudo, pela influência que poderão exercer junto de outras entidades. Em 10/09/2017, o *Jornal I* referia que Daniel Proença de Carvalho era Presidente da Assembleia Geral em 26 empresas.

1.4. Órgãos autárquicos

Os órgãos executivos (junta de freguesia e câmara municipal) não têm uma mesa, sendo as reuniões dirigidas pelos seus presidentes.

Já quanto aos órgãos deliberativos (assembleia de freguesia e assembleia municipal), dispõem de uma mesa, com presidente, 1º secretário e 2º secretário (arts. 13º, 14, 29º e 30º da Lei nº 75/2015, de 12 de setembro).

2. FUNÇÕES

A condução das reuniões compete ao presidente da mesa, que tem grande autonomia e se destaca naturalmente de entre os elementos da mesa.

Não admira, por isso, que em vários diplomas relativos a pessoas coletivas diversas haja destaque para as funções específicas do presidente da assembleia, como sucede, nomeadamente, na legislação autárquica.

Ainda que seja o presidente quem dirige, conduz e orienta os trabalhos da assembleia, assumindo o peso inerente a tais funções, terá todo o interesse em consultar os restantes elementos da mesa, quando se trata de decisões mais polémicas, como seja a retirada da palavra a um orador.

Aos secretários da mesa compete essencialmente a função de auxiliar o presidente. É habitual um tomar nota das inscrições e organizar a documentação que vai sendo apresentada no decurso da assembleia (como moções e propostas), enquanto o outro se incumbe da minuta da ata da reunião (tarefa mais difícil do que parece).

3. INTERVENÇÃO DOS MEMBROS DA MESA NO DECURSO DOS TRABALHOS

Os membros da mesa poderão intervir na discussão, quer no período antes da ordem do dia quer nos pontos da ordem de trabalhos. Porém, os membros da mesa, em especial o seu presidente, devem resguardar-se, evitando, ao máximo exercer outras funções para além das específicas da mesa. Caso contrário, os associados deixarão de ver a mesa como um órgão isento, imparcial na condução dos trabalhos, passando a encará-lo como auxiliar da direção. Daí que membros da associação (ou de outra entidade) que sejam muito interventivos e queiram manter esse nível de empenhamento devam ponderar seriamente se deverão aceitar ou não a função de membros da mesa.

Quando, por qualquer razão, sintam necessidade de expressar as suas posições, devem respeitar uma regra de ouro, que não está escrita, mas que deriva dos usos e do bom senso: retirar-se da mesa e intervir fora da mesa, habitualmente ao lado. Com este procedimento, estarão a salvaguardar a independência do órgão. Terminada a intervenção, regressam ao lugar.

4. SUBSTITUIÇÃO DOS ELEMENTOS DA MESA

O que acontece se, em determinada assembleia, o presidente não pode comparecer e falta?

Faltando o presidente, o 1º secretário desempenha as funções de presidente em exercício e é escolhido uma pessoa, entre os presentes, para completar a mesa. Assim, o 1º secretário passa a presidente em exercício, o 2º secretário passa a 1º e a pessoa escolhida a 2º. Uma vez que não há uma distinção entre as funções do 1º secretário e os do 2º, essa pessoa acaba por exercer as funções que lhe forem atribuídas pelos restantes elementos da mesa.

Por vezes, ninguém da assembleia se oferece para completar o elenco da mesa; em tal situação, o presidente em exercício acaba, na maior parte dos casos, por iniciar os trabalhos, ficando a mesa reduzida a dois elementos. A solução descrita no parágrafo anterior aplica-se também quando, por qualquer razão, o presidente tem necessidade de se ausentar temporariamente da assembleia ou mesmo de a abandonar; não faria sentido dar os trabalhos por terminados. O 1º secretário assume a sua condução.

5. NA MESA, SÓ SE SENTA A MESA

Uma última observação, neste capítulo: em muitas associações, há presidentes de direção, fortemente interventivos e com carisma, que pretendem sentar-se na mesa (em sentido físico), chegando ao ponto de se sentarem no meio. O procedimento é incorreto, pois na mesa só se devem sentar o presidente e os secretários, pois a eles compete a condução dos trabalhos (formalmente ao presidente, mas na prática todos ajudam).

Nas assembleias gerais da Casa de Goa, em que exerci o cargo de presidente da mesa, não fui capaz de solicitar ao então presidente da direção, Prof. Narana Coissoró, que se sentasse em outro lugar, pois o seu notório prestígio e vontade de intervir impeliam-no a sentar-se no centro da mesa que conduzia os trabalhos.

A prática mais correta é os elementos da direção sentarem-se em outra mesa, ao lado, na perpendicular (ou em outro local próximo, mas sempre separado da mesa da assembleia geral). No limite, na primeira fila da assistência. Da mesma forma, numa assembleia geral de uma sociedade anónima, com muitos acionistas, o presidente do conselho de administração não se deve sentar no mesmo lugar da mesa da assembleia geral.

6. A POLÉMICA DA MESA NO SPORTING CLUBE DE PORTUGAL

No dia 15/5/2018, a Academia do Sporting, em Alcochete, foi invadida por um grupo de criminosos, que agrediu jogadores da equipa sénior do clube bem como a equipa técnica. Nesse mesmo dia, o Presidente da Assembleia Geral, Jaime Marta Soares, falou aos sportinguistas, declarando que na segunda-feira, dia 21, iria realizar uma "reunião com todos os órgãos sociais para analisarmos em conjunto o momento que o Sporting está a viver e a partir daí tomarmos as decisões consentâneas com esta realidade".

Porém, dois dias depois, Jaime Marta Soares anunciou publicamente a sua demissão do cargo de Presidente da Assembleia Geral bem como dos restantes elementos da Mesa.

Mais tarde, em 30 de Maio, foi anunciado que "afinal Marta Soares não está demissionário". No dia seguinte, o comendador declarou: " Para me demitir tinha de ser apresentado um pedido, uma informação ao Conselho Fiscal a dizer que me demitia, só assim é que estava consumada a minha demissão, mas eu nunca o fiz".

No pressuposto que a Mesa da Assembleia Geral se tinha demitido e já não estaria em funções, o Conselho Diretivo do clube, presidido por Bruno de Carvalho, nomeou uma Comissão Transitória da Mesa da Assembleia Geral, composta por Elsa Tiago Judas, Trindade Barros e Yassin Nadir Nobre.

O número 1 do artigo 39º dos Estatutos do SCP (Sporting Clube de Portugal) preceitua que a renúncia do Presidente da Mesa da Assembleia Geral deve ser "apresentada" ao Presidente do Conselho Fiscal e o seu número 2 refere que a renúncia não depende de aceitação. Como o comendador anunciou publicamente a demissão, e esta foi necessariamente conhecida pelo Presidente da Conselho Fiscal, a Comissão Diretiva concluiu que Jaime Marta Soares se tinha efetivamente demitido, pelo que já não estaria em funções.

Quer a Mesa da Assembleia Geral quer a Comissão Transitória disputaram a legitimidade, tendo o tribunal concluído que a demissão da Mesa da Assembleia Geral não se tinha consumado, pelo que Jaime Marta Soares continuava a ser o seu Presidente.

Com efeito, o Tribunal da Comarca de Lisboa deu razão à providência cautelar interposta por Marta Soares, em que o presidente da Mesa da Assembleia Geral contestava a realização de um encontro geral dos sócios para substituir os órgãos sociais que manifestaram a sua intenção de deixar as funções. O juiz ordenou a "suspensão imediata" do encontro e autorizou a PSP a usar "as medidas coercivas que entenda adequadas e necessárias" para garantir que o encontro não se realiza. Assim, a polícia ficou com legitimidade para impedir fisicamente os dirigentes do Sporting de se reunirem no dia 17 de junho.

O tribunal decidiu-se pela "suspensão imediata" das Assembleias Gerais do Sporting Clube de Portugal convocadas pela "Comissão Transitória da Mesa da Assembleia Geral" para o dia 17 de Junho de 2018 e para o dia 21 de Julho de 2018, ambas a terem lugar nas instalações do Pavilhão João Rocha.

Na fundamentação da decisão, o tribunal considerou que a realização da Assembleia Geral convocada por Bruno de Carvalho representa um risco para os "interesses" do Sporting e pode provocar uma "lesão grave e dificilmente reparável" ao clube "e, consequentemente", lesar os "direitos de todos os seus sócios". A realizar-se, o encontro prejudicaria "a referida imagem e reputação" do Sporting, disse o tribunal.

A nomeação da Comissão Transitória da Mesa da Assembleia Geral foi ilegal, sendo esse órgão inexistente à luz dos estatutos do clube, mantendo-se em funções a Mesa da Assembleia

Ainda sobre os órgãos nomeados por Bruno de Carvalho, o tribunal disse que "não se encontra prevista nos estatutos do clube a nomeação de qualquer comissão transitória ou de qualquer outro órgão temporário que assuma as funções da Mesa da Assembleia-Geral ou do respectivo presidente, em caso de cessação do mandato da totalidade dos membros desses órgãos sociais". E acrescenta "que as referidas Comissões de Gestão e de Fiscalização devem ser designadas pelo Presidente da Mesa da Assembleia Geral e não pelo Conselho Directivo".

A "mera realização das referidas Assembleias Gerais convocadas ilegalmente pela Comissão Transitória da Mesa da Assembleia Geral criará uma ideia de legalidade paralela, meramente aparente, mas com efeitos práticos" na ação dos adeptos do clube, disse a sentença.

Com a decisão referida, Bruno de Carvalho perdeu a sua Mesa da Assembleia Geral, triunfando Jaime Marta Soares. O tribunal debruçou-se também sobre o conteúdo das alterações estatutárias que o então Presidente do Conselho Diretivo queria pedir aos sócios que votassem. Essas alterações, refere a sentença, "violam os princípios de organização democrática e de equilíbrio institucional".

O objetivo de Bruno de Carvalho era votar uma proposta de alteração que, na prática, reforçaria os poderes do presidente do clube. O objetivo era o de que, havendo uma demissão por parte dos membros da Mesa da Assembleia Geral, o próprio presidente pudesse nomear uma Comissão Transitória da MAG.

Ora", conclui agora o tribunal, "se o próprio presidente do Conselho Directivo nomear os membros da Mesa da Assembleia Geral, incluindo o respectivo presidente, ainda que a título temporário, fica irremediavelmente posta em causa a garantia de independência desse órgão, e, consequentemente, poderia o Conselho Directivo condicionar a atividade da Assembleia Geral, ainda que indiretamente, através da nomeação da sua mesa e do seu presidente".

O facto de ser o próprio presidente do Conselho Diretivo a nomear uma eventual Comissão Transitória "viola de forma manifesta a separação de poderes" interna e estaria ainda posta em causa a legitimidade do Presidente das MAG como a "entidade mais representativa do clube", como estabelecem os estatutos na sua versão atual.

Outra das propostas de alteração de Bruno de Carvalho previa a possibilidade de, havendo demissões no seio do próprio Conselho Diretivo – e recorde-se que Bruno de Carvalho estava em risco de perder o mandato, se ocorresse mais uma renúncia no Conselho Diretivo –, o presidente do clube poder nomear novos dirigentes. "É evidente que se procura limitar a possibilidadede se aplicar a regra de cessação da totalidade dos titulares do Conselho Diretivo", limitando o escrutínio dos dirigentes por parte dos sócios e evitando "a possibilidadede o Conselho Directivo alguma vez ter de cessar funções automaticamente".

"As alterações acima referidas aos estatutos, que integram a ordem de trabalhos da Assembleia Geral prevista para o próximo dia 17/06/2018, violam os princípios de organização democrática e de equilíbrio institucional que devem nortear as relações estabelecidas entre o órgão executivo do Clube e o órgão representativo dos sócios", concluiu o Tribunal.

Na Assembleia de 23 de junho, convocada por Jaime Marta Soares, Bruno da Carvalho e a sua equipa acabariam por ser demitidos...

Capítulo VII
A Ordem de Trabalhos

1. IMPORTÂNCIA

O êxito de uma assembleia geral e a conclusão dos seus trabalhos dependem, em larga medida, da criteriosa formulação da ordem de trabalhos.

Há matérias que terão de constar obrigatoriamente em certas assembleias. Por exemplo, já sabemos que as associações têm de realizar, de acordo com as normas do Código Civil, uma assembleia anual para aprovação do "balanço", ou seja, dos documentos de prestação de contas. Outras matérias resultam da necessidade de a pessoa coletiva definir posição, expressando a sua vontade, como referido no capítulo I.

Só constituem a ordem de trabalhos os assuntos que no aviso convocatório tenham sido indicados como pontos da ordem de trabalhos. Em tese, a assembleia pode discutir qualquer assunto; mas a sua competência está reservada, em cada reunião, às matérias que constem da ordem de trabalhos.

A ordem de trabalhos delimita, de forma positiva e negativa, os assuntos a tratar. De forma positiva, porque só poderão ser discutidos e objeto de deliberação os assuntos que constem da ordem de trabalhos. Há exceções, como veremos mais adiante, e que radicam, essencialmente, no princípio de que, se todos os associados estiverem presentes e de acordo com a necessidade de tomar uma deliberação, esta é válida.

De forma negativa, porque se um assunto não constar da ordem de trabalhos não poderá ser discutido e objeto de deliberação. Poderá, como vimos, ser abordado no período antes da ordem do dia ou da ordem de trabalhos, mas tal não equivale a discussão e deliberação.

Por conseguinte, o presidente da mesa da assembleia geral deve ser firme, não permitindo que matérias que não constem da ordem de trabalhos "perturbem" a assembleia, desviando as atenções em relação ao que realmente importa discutir e deliberar.

1.1. Assembleia eleitoral

A assembleia pela qual os associados elegem os órgãos sociais designa-se assembleia eleitoral.

Tem a particularidade de poder decorrer ao longo de todo o dia, como sucede com os grandes clubes desportivos, em que o número de sócios impõe um período alargado de votação, de modo a permitir o exercício do direito de voto. Quando assim é, não há propriamente uma reunião dos sócios em assembleia, mas um período de votação, presidido pela mesa da assembleia geral. Poderá suceder que, dadas as caraterísticas da associação, a assembleia eleitoral se realize como se fosse uma assembleia "normal". Em tais circunstâncias, a lista candidata aos órgãos sociais apresenta aos sócios o seu programa (se forem várias a apresentação será de todas as listas), seguindo-se um debate.

Finalizado o debate, segue-se o ato eleitoral propriamente dito, em que são chamados os sócios a votar, um por um. Contam-se os votos entrados na urna e proclama-se o resultado eleitoral.

A tomada de posse dos titulares dos órgãos sociais pode ter lugar no final da assembleia, uma vez apurados os votos. Ou, então, no intuito de conferir mais solenidade, é marcado um dia específico.

2. É NECESSÁRIO MENCIONAR "APROVAÇÃO"?

Em determinada assembleia geral, um associado questionou o presidente da mesa pelo facto de constar na ordem de trabalhos a expressão "Aprovação dos documentos de prestação de contas relativos ao ano de 2016".

Segundo o interpelante, a assembleia poderia não aprovar as contas e inclusive rejeitá-las, pelo que o uso do vocábulo "aprovação" era limitativo, induzindo, por outro lado, os associados a tomar uma posição favorável à aprovação, quando esta não era a única opção. Em resposta, o presidente da assembleia considerou que tinha procedido corretamente, pois a assembleia destinava-se à aprovação das contas, pelo que devia ser esta a formulação correta do ponto da ordem de trabalhos.

Que dizer desta controvérsia?

Entendemos correta a posição tomada pelo presidente da assembleia geral. A assembleia não se destina a tomar conhecimento das contas, a discuti-las, apenas. Se assim fosse, bastaria mencionar "Apresentação dos documentos de prestação de contas" ou "Informação sobre os documentos de prestação de contas". Ou "Tomar conhecimento dos documentos de prestação de contas". Ora, o objetivo é que as mesmas sejam votadas e não apenas conhecidas.

Nada obstaria a que, em vez de "aprovação" figurasse a expressão "votação", mas seria um preciosismo. Tal como nas assembleias eleitorais o ponto da ordem de trabalhos é "Eleição dos órgãos sociais para o período de x a y", e não "Votação para os órgãos sociais", entendemos que não só nada obsta a que na formulação conste "Aprovação dos documentos de prestação de contas" como tal se afigura mais correto. Aliás, a proposta formulada pelo órgão que solicita a convocação da assembleia é a de aprovação; poderão, naturalmente, os associados aprovar ou rejeitar a proposta, não havendo qualquer indução à aprovação.

Há quem entenda que "todo o assunto submetido à discussão tem que ser objeto de uma votação", qualquer que seja o sentido dessa votação, ainda que a assembleia "vote" decidindo que não haja votação alguma. Será mesmo assim?

Pensamos que não. Poderá suceder que determinado ponto da ordem de trabalho seja meramente informativo, destinado a dar a conhecer aos membros da assembleia determinada matéria, sem que estes tenham necessidade ou conveniência em votar.

Por exemplo, em determinada autarquia a câmara municipal estabeleceu uma medida com impacto para os munícipes, que não carece de aprovação pela assembleia municipal. Mas entende o órgão executivo dar a conhecer a medida ao órgão fiscalizador bem como permitir a sua discussão. Em tal caso, bastaria mencionar na ordem de trabalhos da assembleia municipal o assunto em causa, sabendo os destinatários que não haveria votação.

De registar que pode haver uma votação apenas para efeitos de emissão de parecer. Como o órgão não é competente para a deliberação sobre a matéria, mas tem a prorrogativa de emitir um parecer (que poderá ser vinculativo ou não), a votação estará limitada à aprovação do parecer.

3. PODERES DO PRESIDENTE NA FORMULAÇÃO

3.1. Adicionar assuntos

Na convocatória, o presidente da mesa tem amplos poderes para redigir a formulação adequada da ordem dos trabalhos. O órgão de administração ou direção que solicita ao presidente da mesa a realização da assembleia indica os assuntos que pretende ver tratados e resolvidos (aprovados) na assembleia. O presidente da mesa poderá adicionar outros assuntos (a não ser que haja alguma restrição legal ou estatutária, o que se terá de ver caso a caso). De qualquer modo, o presidente deve procurar obter consensos, consultando os restantes elementos da mesa bem como o órgão de administração ou direção.

O Código Civil não prevê a possibilidade de nas associações os associados solicitarem a inclusão de outros assuntos na ordem de trabalhos já comunicada.

3.2. Hierarquização dos assuntos

O presidente da mesa dará, de acordo com a sua experiência e sensibilidade, a formulação mais correta bem como procederá à hierarquização dos pontos da ordem de trabalhos. Procurará que todos os destinatários compreendam o que se vai discutir e aprovar, não deixando margem para dúvidas. Se um assunto condicionar outro, deverá ser tratado primeiro.

Roque Laia, na obra citada, dá-nos um exemplo elucidativo. O projeto de ordem de trabalhos de uma assembleia geral de determinada coletividade era:

1. Deliberar sobre a aquisição do edifício onde está instalada a sede social.
2. Deliberar sobre o aumento da quota social.

Sucede que a viabilidade da aquisição do edifício em causa, no exemplo concreto, dependia do aumento proposto pela Direção relativamente ao montante das quotas. Por isso, não faria sentido deliberar-se primeiro a aquisição do prédio e depois o aumento das quotas, pois a primeira deliberação ficaria comprometida se, porventura, os sócios rejeitassem o aumento de quotas proposto, já que este destinava-se a custear a compra do imóvel.

Seria caso para dizer: bons tempos, em que uma coletividade podia adquirir um imóvel com as receitas das quotas dos seus associados. Ainda no exemplo citado, se a coletividade tivesse disponibilidades financeiras para custear a aquisição, sem dependência do aumento de quotização, nada obstaria à manutenção do projeto de ordem de trabalhos.

Também como regra, os assuntos de mais fácil resolução, não polémicos, devem figurar antes dos que oferecem controvérsia. Por um lado, são "despachados" rapidamente e, por outro, escapam aos efeitos de antagonismos surgidos na acesa discussão dos mais polémicos. Só se pode passar ao ponto seguinte depois de concluído o anterior, embora nada proíba que determinado ponto fique inconclusivo, adiando-se a sua discussão e votação.

De registar que, no início da assembleia ou mesmo no seu decurso, a assembleia pode deliberar, por simples maioria, a alteração na ordem de trabalhos.

4. SOCIEDADES COMERCIAIS. INCLUSÃO DE ASSUNTOS

Nas sociedades anónimas, o acionista ou acionistas que possuam ações correspondentes a pelo menos 5 % do capital social podem requerer a inclusão de determinados assuntos na ordem do dia de uma assembleia já convocada ou a convocar (art. 378º,nº1, do Código das Sociedades Comerciais).

Esta norma é também aplicável aos sócios das sociedades por quotas, por força do art. 248º, que preceitua que as disposições relativas às assembleias gerais das sociedades anónimas se aplicam àquelas sociedades.

5. ADMINISTRAÇÃO PÚBLICA. INCLUSÃO DE ASSUNTOS

A ordem de trabalhos de cada reunião de um órgão colegial da administração pública é estabelecida pelo presidente e, salvo disposição em contrário, deve incluir os assuntos que para esse fim lhe forem indicados por qualquer vogal, desde que sejam da competência do órgão e o pedido seja apresentado por escrito com uma antecedência mínima de cinco dias sobre a data da reunião (art. 25º, nº 1, do Código do Procedimento Administrativo).

6. ÓRGÃOS AUTÁRQUICOS

O art. 53º da Lei nº 75/2015, de 12 de setembro, consagra a possibilidade de os membros dos órgãos autárquicos verem incluídos na ordem de trabalhos os assuntos que pretendam ver tratados, desde que a matéria seja da competência do órgão e o pedido seja apresentado por escrito com uma antecedência mínima de:

a) Cinco dias úteis sobre a data da sessão ou reunião, no caso de sessão ou reuniões ordinárias;
b) Oito dias úteis sobre a data da sessão ou reunião, no caso de sessões ou reuniões extraordinárias.

Também o art. 50º consigna que, tratando-se da sessão ordinária de órgão deliberativo (assembleia de freguesia ou assembleia municipal), no caso de urgência reconhecida por dois terços dos seus membros, pode o mesmo deliberar sobre assuntos não incluídos na ordem de trabalhos.

7. RETIFICAÇÃO DA ORDEM DE TRABALHOS

Por vezes, torna-se necessário proceder à retificação da ordem de trabalhos, pelo facto de o ponto não estar corretamente formulado. A retificação é possível, desde que o assunto a tratar seja o mesmo. Já não será possível, se o objetivo for incluir um novo assunto; aí, não se trata de retificação, mas de inclusão de novo assunto. Como o verbo indica, retificar significa corrigir, no sentido do aperfeiçoamento, e não substituir...

No exemplo citado de convocação de assembleia geral de uma coletividade para aumento da quotização, o ponto não podia objeto da seguinte retificação: "Admissão de fulano x como sócio honorário da associação".

PARTE II
REALIZAÇÃO DA ASSEMBLEIA GERAL

Capítulo VIII

Constituição da Assembleia Geral

1. PONTUALIDADE

Eis uma regra de ouro, tantas vezes quebrada e violada. Não raras vezes, uma assembleia está marcada para uma determinada hora, por exemplo, às 21 horas, e apenas se inicia muito depois. Resultado, não chegou a haver tempo para discutir os assuntos, o atraso de uns prejudicou os trabalhos. Trata-se de uma questão de cultura associativa, empresarial ou política, conforme a incidência.

PONTUALIDADE → Regra de ouro

Todos têm de interiorizar que a pontualidade é fundamental. Devemos seguir o exemplo dos britânicos, em vez de clamar por período de tolerância, como a chamada "meia hora académica", que não tem limite...

Quando na convocatória se menciona que a assembleia terá início uma hora depois, com qualquer número de sócios presentes, é preferível que a primeira hora marcada seja uma hora "morta". Por exemplo, se se pretende que a assembleia tenha início de facto às 21 h, não faz sentido na convocatória figurar as 21 h como primeira convocatória e 22 h como segunda. Em tal caso, a assembleia apenas se iniciará às 22 h, tardiamente, quando poderia iniciar-se às 21 h, se na primeira convocatória figurasse 20 h. São pormenores, mas têm certamente importância.

ÊXITO DE UMA REUNIÃO { Pontualidade / Ordem de trabalhos / Condução dos trabalhos

A pontualidade não chega para o êxito de uma reunião. É indispensável uma ordem de trabalhos bem definida e a condução férrea dos trabalhos.

2. PARTICIPANTES

Participam na assembleia os membros da associação, os condóminos (no caso de condomínio), os sócios e acionistas (no caso de sociedades) e os membros dos órgãos deliberativos (no caso da assembleia de freguesia e da assembleia municipal). Participar significa não apenas assistir, mas também a possibilidade de intervir, de usar da palavra e de votar as propostas, tomando, assim, parte nas deliberações.

2.1. Diferentes categorias de sócios

Ser sócio significa ser membro e, como tal, ter o direito de participar. Há, no entanto, que consultar os estatutos da associação para verificar se existem diferentes categorias de sócios bem como restrições que privem alguns dos sócios do direito de votar.

Os estatutos das associações recentes tendem a estabelecer uma única categoria de sócios.

Não temos por vezes a noção plena, mas Portugal mudou imenso. Na sua obra clássica "Guia das Assembleias Gerais", Roque Laia escrevia, antes do 25 de abril:

> "Se o jovem ou a mulher são considerados úteis à associação e obrigados perante ela, porque razão negar-lhes o direito de participarem nos trabalhos e de a estes concorrerem com a expressão da sua vontade?".

Hoje, este comentário parece que provém da Antiguidade, mas de facto antes do 25 de abril havia situações deste género. Basta recordarmo-nos que a mulher casada não podia ausentar-se para o estrangeiro sem autorização do marido, tal como não podia exercer o comércio sem a sua anuência. O marido era o chefe da família, a quem competia dirigir o orientar a família, subordinando-se a mulher e os filhos à vontade tutelar do "patriarca". Era o "quero, posso e mando!", que privava a mulher do direito de voto em determinadas associações.

2.2. Sócios fundadores

Por vezes, nas associações paira um conjunto de sócios, que estiveram na sua origem, na constituição, outorgando o documento inicial (anteriormente escritura pública) e arrogando-se direitos especiais.

No entanto, o facto de terem participado na constituição não lhes confere qualquer predomínio, para além, naturalmente, do orgulho e da autoridade moral que lhes pode advir. Só assim não será se os estatutos lhes conferirem algum direito especial, como, por exemplo, o de as alterações a esse documento constitutivo exigirem a concordância de um determinado número de sócios fundadores. Esta cláusula não parece, aliás, prudente, pois o decurso do tempo faz naturalmente escassear o número de sócios fundadores....

2.3. Sócios com quotização em atraso

Em muitos estatutos de associações figura a cláusula de que só o sócio com quotas em dia pode exercer os seus direitos, nomeadamente participar nas assembleias, eleger e ser eleito.

Trata-se de uma medida positiva, pois quem deixa de pagar quotas (normalmente de baixo valor) revela desinteresse pela vida associativa, sendo justo que a sua participação na assembleia fique condicionada à regularização da quotização. Por isso, havendo duas ou mais listas concorrentes, os atos eleitorais constituem boa fonte de obtenção de receitas, pois os promotores da lista tratam de estimular os associados ao pagamento, na perspetiva de contabilizarem mais votos.

Periodicamente, surgem notícias denunciando o pagamento massivo de quotas de militantes nas eleições para as estruturas dos partidos tradicionais, designadamente secções de residência. Ou seja, "alguém" encarrega-se de pagar de uma assentada as quotas em atraso de uma quantidade acentuada de militantes, permitindo-lhes votar na lista generosa. Trata-se, quando assim acontece, de uma perversão da democracia partidária. Aliás, tal também pode ocorrer em associações...

2.4. Condóminos com quotas em atraso

Nos condomínios, o atraso no pagamento de quotizações não priva o condómino do direito de participação nas assembleias (incluindo o direito de voto). Porquê? Pelo facto de o art. 1430º, nº 2, do Código Civil preceituar que "cada condómino tem na assembleia tantos votos quantas as unidades inteiras que couberem na percentagem ou permilagem" do título constitutivo da propriedade horizontal, não estabelecendo qualquer restrição ao direito de voto.

Naturalmente que o condómino relapso verá a censura estampada no rosto dos restantes condóminos, com vontade de o chamar "caloteiro", mas ninguém o pode impedir de participar e votar.

É frequente o atraso no pagamento de quotas ser justificado com a invocação de créditos do condómino faltoso sobre o condomínio; tal não constitui motivo válido para o não pagamento das quotizações, devendo separar-se as águas.

2.5. Sociedades comerciais

Nas sociedades por quotas e nas sociedades anónimas apenas participam os titulares do capital social (sócios e acionistas, respetivamente). Estão também presentes os órgãos de administração e fiscalização (este último em alguns casos), a fim de prestarem esclarecimentos que sejam solicitados.

2.6. Órgãos autárquicos

Fazem parte dos órgãos deliberativos das autarquias locais os cidadãos eleitos, em razão da aplicação do método de Hondt pelas diversas listas.

Uma vez eleitos, em caso de impedimento, seja qual for o motivo, os seus lugares são preenchidos "pelo cidadão imediatamente a seguir na ordem da respetiva lista ou, tratando-se de coligação, pelo cidadão imediatamente a seguir do partido pelo qual havia sido proposto o membro que deu origem à vaga" (art. 79º da Lei nº 169/99, de 18 de setembro, Lei das Autarquias Locais). Tal procedimento aplica-se quer em relação à assembleia de freguesia (art. 11º) quer à assembleia municipal (art. 47º).

No caso de ausência inferior a 30 dias, o membro pede a sua substituição, mediante simples comunicação por escrito ao presidente da assembleia, na qual indica o início e fim da ausência; excedendo a ausência aquele período, ou em caso de outro motivo justificado, como doença comprovada, o eleito solicita a suspensão do mandato, que não pode ultrapassar 365 dias, sob pena de se converter em renúncia (art. 77º).

Na preparação das listas candidatas, os autarcas têm de conferir a maior atenção à disponibilidade dos candidatos, de modo a garantir que nos lugares elegíveis figurem elementos que se saiba de antemão não terem impedimentos que obriguem a substituições permanentes. Por outro lado, nos lugares considerados não diretamente elegíveis (a chamada zona cinzenta) devem figurar elementos facilmente contactáveis em caso de necessidade de substituições. Há líderes de bancada que, à cautela, se munem de declarações previamente assinadas, não datadas, com pedidos de substituição.

3. PARTICIPAR: DEVER CÍVICO

Participar não é só um direito, mas um dever. Porém, o dever assume a natureza de dever cívico, na generalidade dos casos. Mas em outros existe o dever funcional de estar presente, como sucede nos órgãos colegiais da administração pública e nos órgãos autárquicos. Nestes casos, as faltas injustificadas poderão ter consequências, como, por exemplo, a perda de mandato (no caso de órgãos autárquicos.)

4. ASSISTÊNCIA DE PESSOAS ESTRANHAS

A participação na assembleia nos moldes anteriormente referidos é reservada às pessoas que fazem parte dela, ou seja, que sejam titulares do órgão.

Mas poderão outras pessoas assistir? Vejamos as várias entidades.

4.1. Associações

Por natureza, as assembleias gerais são públicas, ou seja, não se realizam à porta fechada. Mas nada impede que o presidente da assembleia, face à delicadeza de um ponto da ordem de trabalhos, coloque aos presentes a conveniência de, na discussão desse ponto, apenas estarem presentes os sócios. Do mesmo modo, em articulação com a direção ou administração, poderá, por sua iniciativa, convidar os órgãos de comunicação social a retirarem-se. Tal sucede, nomeadamente, se estiver em causa a conduta de pessoas.

Se bem que admitidos a assistir às assembleias gerais, os não sócios devem sentar-se em local distinto dos associados, preferencialmente nas últimas filas, de modo a facilitar a contagem dos votos. A assistência às reuniões significa apenas isso; ver e ouvir, mas não falar. Se os não sócios pretenderem usar da palavra terão de o solicitar expressamente ao presidente da assembleia, justificando a razão pela qual o pretendem fazer. O presidente tem a autoridade para conceder ou recusar o uso da palavra, já que o não sócio não tem qualquer direito.

4.2. Condomínios

Nas assembleias de condóminos, apenas os condóminos e a administração do prédio participam. Os inquilinos não têm esse direito. Já será diferente se atuarem como procuradores do senhorio, mas nesse caso não estão em nome próprio.

Também estão presentes o administrador externo e os titulares de órgão de fiscalização (quando haja) a fim de prestarem esclarecimentos.

5. O VOTO POR CORRESPONDÊNCIA

Em alternativa à sua presença física na assembleia, poderá o interessado votar por correspondência, depositando o seu voto num envelope, que é entregue por terceiro ou enviado pelo correio?

Recordo-me de uma situação ocorrida em 1972, antes do 25 de abril, com as eleições para os órgãos sociais da Livrelco- Cooperativa Livreira, cuja sede se localizava em Lisboa, próximo de Entrecampos. Degladiavam-se duas listas, para tomar conta daquela que era uma das mais importantes cooperativas do país, na área da comercialização de livros. Uma das listas estava ligada ao MRPP, que então surgia como partido político recém criado, na clandestinidade, e a outra ao "glorioso", ao PCP, que anseava conquistar este baluarte do esquerdismo, de forma a que os livros de Mao Tse Tung e Enver Hoxha dessem lugar às obras das Edições Moscovo (consideradas "revisionistas" pelos maoistas).

A assembleia eleitoral fora convocada para uma tarde de sábado e a correlação de forças parecia pender para o PCP, a julgar pelo número de presentes. Após algumas intervenções inflamadas, como era próprio da época, teve lugar a votação, com a chamada dos sócios presentes, que exerciam o direito de voto, depositando na urna o seu boletim. Os sorrisos dos militantes e simpatizantes do PCP ampliavam-se à medida que decorria a votação, não parecendo resultar dúvidas sobre o resultado final.

Eis que, subitamente, é chamado Sebastião Lima Rego (denominado depreciativamente por Sebastião Lin Piao, pelos adversários), que, ufanamente, além de depositar o seu voto, abriu uma enorme pasta negra, onde estavam envelopes com o voto por correspondência de muitos sócios ausentes. A mesa, controlada pelo MRPP, não cuidou de verificar a validade das procurações e do exercício do direito de voto por essa forma, admitindo a entrada dos envelopes, em nome da expressão da verdade revolucionária. Contados os votos, registou-se uma vitória expressiva da lista afeta ao MRPP, por força dos votos por correspondência.

O voto por correspondência não se confunde com o voto por representante ou procurador. No voto por correspondência, é o próprio que preenche o boletim de voto e, na impossibilidade de o entregar pessoalmente, fá-lo chegar à assembleia eleitoral.

Algumas associações, como a Ordem dos Advogados, admitem o voto por correspondência, desde que o mesmo seja colocado num envelope, com uma declaração onde consta a assinatura do votante com reconhecimento notarial.

Se, porém, não houver nos estatutos da associação norma expressa, entende-se que o voto por correspondência não é admitido, já que a regra é o direito de voto ser exercido pelo próprio, pessoalmente, em plena assembleia eleitoral.

6. A REPRESENTAÇÃO POR TERCEIRO (PROCURADOR OU REPRESENTANTE)

Poderá o interessado fazer-se representar por terceiro, designadamente um procurador, que atua em seu nome, exercendo os direitos inerentes?

6.1. Associações

Art. 180º do Código Civil (natureza pessoal da qualidade de associado)

> "Salvo disposição legal em contrário, a qualidade de associado não é transmissível, quer por ato entre vivos, quer por sucessão; o associado não pode incumbir outrem de exercer os seus direitos pessoais".

Há quem entenda que a expressão "salvo disposição em contrário" abrange não só a primeira parte do artigo, mas também a parte final, pelo que seria possível os estatutos estabelecerem o direito de representação.

O artigo estabelece uma regra: nas associações a qualidade de sócio é pessoal, não podendo o associado transmitir a sua posição, quer em vida quer por morte. Mas permite, com a expressão "Salvo disposição em contrário", que os estatutos consagrem a transmissibilidade, como sucede, por exemplo, com as quotas nas sociedades por quotas.

A questão está em saber se a expressão "salvo disposição em contrário" também possibilita, além da consagração nos estatutos do direito à transmissão da posição de associado, o exercício por outrem de direitos pessoais, como o da participação e votação nas assembleias.

Entendemos que não possibilita e que o legislador não consagrou a possibilidade de os estatutos da associação viabilizarem o exercício de direitos pessoais por outrem. Se assim fosse, em vez do ponto e vírgula, a seguir a "sucessão", constaria um "e", ou seja, a redação seria "e o associado não pode incumbir outrem de exercer os seus direitos pessoais". Deste modo, se essa fosse a redação, o "salvo disposição em contrário" abrangeria todo o conteúdo seguinte. Havendo o ponto e vírgula, afigura-se manifesto que apenas se pretendeu que a "disposição em contrário" abrangesse a transmissibilidade por atos entre vivos ou por sucessão da qualidade de associado.

Seja como for, os estatutos de muitas associações consagram a possibilidade de representação, não tendo havido decisões judiciais sobre a matéria.

Sendo os estatutos omissos quanto à formalização da vontade do associado na representação, entende-se que é necessária a outorga de uma procuração concedendo poderes especiais de representação, para intervir na assembleia geral da associação, marcada para o dia...

Nada impede que a procuração seja concedida de modo a abranger as assembleias gerais futuras, não estipulando prazo de validade; apenas assim não será se os estatutos estipularem que só é possível a outorga de poderes de representação para assembleia determinada.

Alguns estatutos permitem a representação por simples carta, sem necessidade de outorga da procuração. Deste modo, evita-se uma despesa significativa.

Urge, de qualquer modo referir que, independentemente da questão formal da admissibilidade ou não da representação por terceiro, os ideais do associativismo requerem a participação pessoal do associado. Para ele votar conscientemente as propostas, tem de ouvir os argumentos pró e contra, o que apenas sucede se comparecer pessoalmente. Ao incumbir terceiro de o representar, está a abdicar dessa presença pessoal, confiando a outra pessoa a verdadeira opção de participar na deliberação.

6.2. Condomínios

> "Os condóminos podem fazer-se representar por procurador" (art. 1431º, nº 3, do Código Civil).

O procurador a que se refere o artigo citado "tanto pode ser qualquer condómino como terceiro, não sendo legal a deliberação da assembleia que impõe que a procuração seja passada a outro condómino" (acórdão do Supremo Tribunal de Justiça, de 26/2/1991). Face à redação da norma, o procurador terá de exibir uma procuração "a sério", sendo insuficiente a carta de representação. Alguns condomínios menos formais aceitam, no entanto, a carta. De qualquer modo, sob o ponto de vista formal, a procuração não deve ser substituída pela carta.

6.3. Sociedades comerciais

Nas sociedades por quotas, os sócios podem fazer-se representar em assembleia geral unicamente pelo cônjuge, ascendente ou descendente ou um outro sócio, a não ser que o contrato de sociedade permita expressamente outro representante (art. 249º, nº 5, do Código das Sociedades Comerciais).

Se a representação for para uma determinada assembleia, é suficiente uma simples carta dirigida ao respetivo presidente; se se destinar a várias assembleias, é necessária uma procuração.

Quanto às sociedades anónimas, "o contrato de sociedade não pode proibir ou limitar a participação do acionista através de representante" (art. 380º, nº 1, do Código das Sociedades Comerciais), sendo suficiente uma carta assinada pelo próprio, dirigida ao presidente da assembleia. A carta concedendo poderes de representação a um sócio ou acionista é vulgarmente designada por carta mandadeira. Este vocábulo deriva do mandato (contrato de prestação de serviços, pelo qual uma pessoa (mandante) confere poderes de representação a outrem (procurador ou representante).

Se os estatutos não proibirem o voto por correspondência, devem regular o seu exercício (art. 384º, nº 9, CSC).

6.4. Orgãos autárquicos

Os autarcas devem comparecer pessoalmente nas assembleias, não sendo admissível a representação por terceiros. Tal decorre o princípio da responsabilização política, em que as faltas não justificadas são sancionadas.

7. QUÓRUM

Esta expressão latina (quorum) abrange dois sentidos:

a) Quórum de constituição: número mínimo de elementos para que a assembleia se possa constituir, ou seja, iniciar os seus trabalhos;
b) Quórum de deliberação: número mínimo de elementos para que a assembleia possa deliberar.

7.1. Associações

Art. 175º do Código

> "1. A assembleia não pode deliberar, em primeira convocação, sem a presença de metade, pelo menos, dos seus associados.
> 2. Salvo o disposto nos números seguintes, as deliberações são tomadas por maioria absoluta de votos dos associados presentes.
> 3. As deliberações sobre alterações dos estatutos exigem o voto favorável de três quartos do número dos associados presentes.
> 4. As deliberações sobre a dissolução ou prorrogação da pessoa coletiva requerem o voto favorável de três quartos do número de todos os associados.
> 5. Os estatutos podem exigir um número de votos superior ao fixado nas regras gerais".

Já vimos, anteriormente, que na generalidade das associações a primeira convocatória contém logo a convocação para a segunda, para algum tempo depois, geralmente uma hora, evitando, assim, duas publicações e duas deslocações.

7.1.1. Representação de sócios e sua influência no quórum

Coloca-se a questão de saber, nas situações em que os estatutos permitem a representação de sócios em assembleia geral, se os sócios que não compareceram e se fizeram representar contam para a determinação do quórum.

Há duas posições contrárias. Uns defendem que os sócios ausentes, mas representados, contam para esse apuramento, enquanto outros entendem que apenas os presentes contam.

Partilhamos a segunda posição. O art. 175º do Código Civil refere expressamente, nas várias alíneas, a "presença" dos associados e os "sócios presentes", como forma de determinação do quórum. No entanto, na prática das associações em que é permitida a representação, os sócios representados são equiparados aos presentes para determinação do quórum.

7.2. Condomínios

Nas assembleias dos condóminos, se na primeira convocatória não comparecer o número de condóminos expressando a maioria dos votos representativos do capital investido (na prática, totalizando a maioria da permilagem), a assembleia terá lugar na segunda data fixada na convocatória. Se esta for omissa quanto à segunda data, a assembleia considera-se convocada para uma semana depois, na mesma hora e local, podendo neste caso deliberar por maioria dos votos dos condóminos presentes desde que eles representem pelo menos um quarto do valor do prédio (art. 1432º do Código Civil).

Já sabemos que, na prática dos condomínios, não havendo quórum na primeira convocatória, a assembleia de condóminos inicia-se uma hora depois.

7.3. Sociedades comerciais

7.3.1. Sociedades por quotas

Quórum constituição assembleia	Regra geral: qualquer número de sócio
	Regra especial (certas matérias): um terço do capital

Quórum constituição assembleia	Regra geral: maioria simples
	Regra especial (certas matérias): dois terços votos
	Regra especial (alterações contrato): três quartos votos capital social

O Código das Sociedades Comerciais não contém nenhuma norma específica sobre o quórum, no que tange às sociedades por quotas. Teremos de nos socorrer das normas sobre as sociedades anónimas, aplicáveis subsidiariamente.

O art. 383º, nº 1, contém, a este respeito, a seguinte norma:

> "A assembleia geral pode deliberar, em primeira convocação, qualquer que seja o número de acionistas presentes ou representados, salvo o disposto no número seguinte ou no contrato".

O nº 2, por seu turno, refere que "para que a assembleia possa deliberar, em primeira convocação, sobre a alteração do contrato de sociedade, fusão, cisão, transformação, dissolução da sociedade ou outros assuntos para os quais a lei exija maioria qualificada, sem a especificar, devem estar presentes ou representados acionistas que detenham, pelo menos, ações correspondentes a um terço do capital social". Se não houver esse número mínimo, a assembleia poderá reunir-se em segunda convocatória, qualquer que seja o número mínimo de sócios presentes ou representados, contanto que entre as duas datas medeiem mais de 15 dias. Aqui não serve o "expediente" de se marcar a assembleia para uma hora depois...

Resulta do exposto que, se não estivermos em presença de nenhuma das matérias referidas neste número 2 e se o pacto social não consagrar nenhuma disposição em contrário, a assembleia geral nas sociedades por quotas pode iniciar-se e deliberar com a presença de um sócio que detenha apenas 5% do capital social. É o preço do desinteresse pelos sócios que não participam na vida societária.

No que respeita ao quórum de deliberação, a assembleia delibera por maioria dos votos; porém, nas matérias referidas no nº 2 do art. 383º (excetuam-se as alterações ao contrato) para os quais é necessária a presença de um terço, é necessária a aprovação de dois terços dos votos emitidos, quer a assembleia reúna em primeira quer reúna em segunda convocação. Neste último caso, de segunda convocação, a deliberação pode ser tomada por maioria dos votos emitidos, se estiverem presentes ou representados sócios detentores de, pelo mentos, metade do capital social.

De notar que, quando a lei ou contrato exijam maioria do capital, determinada em função do capital social, "não são tidas em conta para o cálculo dessa maioria as ações cujos titulares estejam legalmente impedidos de votar, quer em geral quer no caso concreto, nem funcionam, as limitações do direito de voto, a não ser que o contrato disponha de forma diferente" (art. 386º, nº 5, CSC).

No entanto, há que ter em conta a norma do art. 265º, nº 1, do CSC, que consagra a obrigatoriedade de as deliberações de alteração ao contrato de sociedade só poderem ser tomadas por maioria de três quartos dos votos correspondentes ao capital social ou por número ainda mais elevado de votos exigido pelo contrato de sociedade.

Esta norma pode conduzir à paralisia de uma sociedade por quotas. Por exemplo, consta no contrato de sociedade que a sociedade se obriga com a assinatura de dois gerentes e estão nomeados gerentes os dois únicos sócios, que não se entendem sobre a deliberação a tomar, divergindo profundamente. Cria-se um impasse, pois não se consegue alterar o pacto social por ausência da maioria qualificada de dois terços. Uma forma prática de o ultrapassar será a nomeação de um terceiro gerente, que poderá ser concretizada por simples maioria de votos, sem necessidade de alteração do pacto.

7.3.2. Sociedades anónimas

Foi descrito, no número anterior, o quórum de constituição e funcionamento das sociedades anónimas.

7.3.3. Deliberações unânimes e assembleias universais

Como forma de agilizar a tomada de deliberações, o art. 54º, nº 1, do Código das Sociedade Comerciais, sob a epígrafe "Deliberações unânimes e assembleias universais", contém uma disposição de grande aplicação prática:

> "1. Podem os sócios, em qualquer tipo de sociedade, tomar deliberações unânimes por escrito e bem assim reunir-se em assembleia geral, sem observância de formalidades prévias, desde que todos estejam presentes e todos manifestem a vontade de que a assembleia se constitua e delibere sobre determinado assunto".

Art. 54º { Deliberação unânime (não há sequer assembleia)
Assembleia universal (não há convocatória)

Esta norma, aplicável a todas as sociedades comerciais, permite a dispensa de assembleia geral, desde que todos os sócios tomem a deliberação unânime, por escrito (primeira parte da norma). Permite também que se realizem assembleias gerais sem formalidades de convocatória (segunda hipótese).

Compreende-se a razão de ser do acordo, em ambas as hipóteses; tratam-se de procedimentos excecionais, pois a regra é a existência de assembleias gerais regularmente convocadas.

Na primeira hipótese (deliberações unânimes), o acordo incide sobre o próprio teor da deliberação, não chegando a haver reunião. Na segunda hipótese, o acordo tem subjacente a vontade de todos em se constituírem em assembleia geral e deliberar sobre um assunto concreto, não sendo necessária que haja consenso relativamente à deliberação a tomar. Pode haver votos contra. O que importa, nesta segunda hipótese, é que todos os sócios estejam presentes e se proponham constituir em assembleia.

Junta-se, no final, exemplo de deliberação unânime, como **doc. 4**.

7.4. Administração Pública

O art. 29º do Código do Procedimento Administrativo, sob a epígrafe "Quórum", contém as disposições aplicáveis aos órgãos colegiais da Administração Pública.

Quórum { Regra geral: maioria dos membros com direito a voto
Em segunda convocatória (suficiente um terço dos membros com direito de voto)

Se o órgão colegial tiver sete elementos, qual o quórum? Quatro, ou seja, a maioria dos membros com direito a voto. Não havendo esse quórum, deve ser convocada nova reunião, com um intervalo mínimo de 24 horas, sendo então indispensável a presença de apenas um terço dos membros com direito a voto. Nos órgãos colegiais compostos por três membros, é de dois o quórum necessário para deliberar, mesmo em segunda convocatória.

7.5. Órgãos autárquicos

Art. 54º, nº 1, da Lei nº 75/2015, de 12 de setembro

> "1. Os órgãos das autarquias locais só podem reunir e deliberar quando esteja presente a maioria do número legal dos seus membros.
> 2. As deliberações são tomadas à pluralidade de votos, tendo o presidente voto de qualidade em caso de empate, não contando as abstenções para apuramento da maioria.
> 3. Quando o órgão não possa reunir por falta de quórum, o presidente designa outro dia para nova sessão ou reunião, que tem a mesma natureza da anterior, a convocar nos termos previstos na presente lei.
> 4. Das sessões ou reuniões canceladas por falta de quórum é elaborada ata na qual se registam as presenças e ausências dos respetivos membros, dando estas lugar à marcação de faltas".

O nº 1 do artigo reproduzido refere-se ao quórum de constituição e ao quórum de deliberação, mantendo para os dois a exigência de maioria do número legal dos seus membros.

Se a assembleia municipal tiver 21 membros, qual o quórum? 11. Não é dez, porque quando se fala em "maioria" entende-se que é mais de metade, na prática "metade mais um".

Se nesse órgão de 21 membros estiverem presentes 16 membros e houver seis votos a favor, seis contra e quatro abstenções, que conclusões extraímos?

Primeiro, registou-se o quórum, pois esteve presente a maioria dos membros do órgão.

Quanto à deliberação propriamente dita, registou-se um empate, já que as abstenções não contam para o cálculo da maioria. Por isso, o 6-6 implica indubitavelmente um empate. Em tais circunstâncias, o presidente da assembleia tem voto de qualidade, ou seja, pode fazer cair a balança para o lado da aprovação ou rejeição.

7.6. A perda de quórum no decurso da assembleia

Iniciada uma assembleia, por existência de quórum, poderá suceder que, no decurso dos trabalhos, algum elemento se ausente, deixando de haver quórum.

Em rigor, o quórum de constituição é, também, um quórum de funcionamento, mantendo-se a exigência de existência de um número mínimo de membros. Já não será assim quando a assembleia teve lugar em segunda convocatória, iniciando-se com qualquer número de presenças.

Havendo quórum de funcionamento, se deixar de haver o número mínimo de presenças "perde-se" o quórum, razão pela qual os trabalhos devem ser interrompidos.

No entanto, a não ser que estejamos perante uma entidade pública, na prática das associações, condomínios, e outras pessoas coletivas de natureza privada, os trabalhos continuam, tomando os presentes as deliberações (a não ser que para as deliberações haja igualmente exigência de quórum).

Em França, nas assembleias gerais é verificado o quórum no início da discussão de cada ponto da ordem de trabalhos; "os conselheiros que se ausentam no momento da votação mas estão presentes durante a discussão contam para o quórum. Isto evita que a retirada dos conselheiros da sessão possa comprometer a deliberação sobre o ponto da ordem de trabalhos" ("Le droit des assemblées locales", Isabelle Muller-Quoy, editora L.G.D.J., 2001, pág. 26). Trata-se, sem dúvida, de um procedimento adequado.

7.7. Práticas antidemocráticas

Por vezes, há perversões de democracia.

Uma delas consiste na definição, como estratégia, do prolongamento ao máximo da reunião, de modo a afugentar, pelo cansaço, quem se oponha. Tal sucede, nomeadamente, em assembleias de estudantes e sindicatos, em que se presume que os elementos menos "conscientes" se cansam depressa e acabam por se ir embora, não contando assim para a votação (momento decisivo da reunião).

Uma outra consiste em abandonar propositadamente a assembleia de modo a impedir o funcionamento do órgão. Admite-se que, em momentos muito especiais, se possa abandonar os trabalhos como forma de protesto por algo que de muito grave se tenha passado. Mas são casos extremos, excecionais, em que não há outra forma de demonstrar a indignação.

O que é censurável é, sem que tal o justifique, sair da sala com o objetivo único de causar a paralisia do órgão. São comportamentos incompatíveis com os princípios democráticos.

8. A FOLHA DE PRESENÇAS

À medida que vão chegando, os participantes assinam a folha de presenças.

Pode haver uma listagem de sócios e, perante este documento, os presentes assinam à frente do seu nome. Poderá também, em vez de tal listagem, haver um folha, encimada com o título "Folha de presenças na Assembleia Geral de ...", assinando os presentes abaixo.

No intuito de apenas permitir o direito de voto a quem tem as quotizações em dia, nas associações a mesa verifica se o sócio que assinou a folha de presenças tem a quotização paga. Tal sucede, sobretudo, nas assembleias eleitorais.

A folha de presenças, tal como outros documentos que forem surgindo no decurso da assembleia (moções, propostas e requerimentos), faz parte integrante da documentação da assembleia, a conservar em lugar próprio pela mesa (ou pelos elementos de apoio, no caso de haver funcionários de apoio à assembleia, como sucede no caso dos órgãos autárquicos).

Existe uma excessiva condescendência na permissão de os retardatários assinarem a folha de presenças. Em rigor, nos casos de atrasos significativos deve haver o registo da hora de chegada.

Perante a folha de presenças, verifica-se se existe o quórum de constituição.

9. SENTAR NO LOCAL CERTO

Quando há um pequeno número de participantes, como sucede nas assembleias gerais das sociedades por quotas, é indiferente o lugar (cadeira) onde cada um se senta. O número de presentes é escasso e acabam, na maior parte das vezes, por realizar a assembleia na sala de reuniões da gerência, ficando quem preside em lugar proeminente.

Em outros casos, como nos órgãos autárquicos deliberativos (assembleia de freguesia e assembleia municipal), há lugares pré-destinados para os diversos grupos ou bancadas (assim se denominam os lugares onde se sentam, por forças políticas, os membros dos dois órgãos). É uma denominação que "vem" da Assembleia da República, onde cada partido político se senta na sua bancada.

Curiosamente, as forças ditas mais à esquerda (PCP e Bloco de Esquerda) consideram importante a localização à esquerda e não à direita, no local onde se realizam as assembleias. A dúvida surge em saber onde se situa a esquerda, pois vista da mesa é um local e olhando para a mesa é outro.

Onde "sentar no local certo" tem mais importância é nas assembleias com muitas pessoas presentes, como sucede nas associações. Quando existem pontos polémicos da ordem de trabalhos, com propostas antagónicas ou divergentes, sufragadas por grupos em confronto, há uma técnica de reunião que consiste em dispersar os elementos do grupo. Uns ficam à frente, ainda que concentrados num local, outros a meio da sala e alguns outros nos lugares finais.

Qual o objetivo? Quando se pede a palavra para as inscrições, a diversificação geográfica na sala dá uma imagem de força, permitindo, também, influenciar as pessoas que estão próximas de cada um dos elementos do grupo. Se estes se sentassem no mesmo local, por exemplo, na frente, ficavam os lugares do centro e os de detrás "desguarnecidos". Este procedimento não é isento de desvantagens; uma delas a de não permitir uma rápida alteração de estratégia, em função do modo como está a decorrer a assembleia. O uso de telemóveis, com a funcionalidade de mensagens escritas, diminui essa desvantagem.

Não há, assim, regras absolutas. O que há a reter é a necessidade de ter em conta aspetos que, por vezes, parecem totalmente insignificantes e acessórios, mas que podem ter grande influência no rumo dos trabalhos.

10. PREPARAÇÃO DA ASSEMBLEIA

Mas muito mais do que a localização geográfica, é, sobretudo, importante preparar as assembleias, preparar a reunião.

Quando as assembleias constituem mera formalidade, como sucede sobretudo nas sociedades comerciais (em que estão todos de acordo e, muitas vezes, apenas há "assembleia virtual ou fantasma"), não se torna necessária essa preparação, pois tudo já está decidido. Mas quando há propostas divergentes, pontos de vista diversos, há que efetuar uma preparação cuidada das assembleias.

Por exemplo, nos órgãos autárquicos deliberativos, é usual cada bancada efetuar uma reunião de preparação, competindo ao líder da bancada a sua convocação e direção. Nessa reunião, em que se pede a presença de elementos do executivo da junta ou da câmara (da mesma força política) para estarem presentes, bem como um responsável partidário, se for caso disso, preparam-se meticulosamente os pontos da ordem de trabalhos, definindo a posição a tomar pela bancada (quase sempre convergente com a tomada pelos membros do executivo na reunião do órgão).

Definem-se também as moções a apresentar (o Bloco de Esquerda é pródigo nelas, ultrapassando o PCP) e a posição a tomar relativamente às moções já conhecidas.

Finalmente, distribuem-se as intervenções, de acordo com as áreas prediletas de cada um dos membros da assembleia. Aos que se julgam menos vocacionadas para usar da palavra, atribui-se a função, igualmente nobre, de ler algum documento, como seja uma declaração política. Mas mesmo ler tem a sua técnica. Ler pausadamente, em voz alta, é diferente do que a leitura apressada e sem entoação...

A reunião de preparação também serve para tratar das substituições dos elementos efetivos que não podem estar presentes.

Também nas associações surge a necessidade de preparação das assembleias, mobilizando-se apoiantes, nos casos em que impera a controvérsia.

Como reflexo da preparação, muitas vezes triunfam as propostas elaboradas não pelo grupo que, à partida, recolhe mais apoios, mas pelo que desenvolveu uma ação cuidada na apresentação e defesa do documento.

Capítulo IX

Início dos Trabalhos e seu Decurso

1. ABERTURA DA ASSEMBLEIA

Verificada a existência de quórum de constituição, o presidente declara aberta a sessão.

Há uma fórmula tradicional, pela qual se declara:

> *"Está aberta a sessão!"*

Quando existe menos formalismo, o presidente limita-se: "Vamos, então, iniciar a assembleia!"

2. LEITURA DO EXPEDIENTE

Existia a tradição de leitura do expediente, entendido como os documentos rececionados pela mesa. Hoje em dia o expediente deixou de assumir a dignidade de outrora.

O que geralmente acontece é o presidente, logo no início do período antes da ordem do dia, comunicar aos presentes algo que seja realmente importante e tenha ocorrido pouco tempo atrás. Mas mesmo isso tende a desaparecer, pois os atuais meios de comunicação, designadamente o correio eletrónico, bem como a publicitação das informações por outras vias, permitem aos presentes estar a par da vida da associação ou da entidade a que pertencem.

Nas assembleias de condomínios, é a administração que, a par da apresentação dos documentos de prestação de contas, dá as informações necessárias aos presentes.

O expediente acaba por se resumir, hoje em dia, à leitura de mensagens enviadas à assembleia com o pedido expresso para serem lidas. Mas o presidente tem poderes para não proceder à leitura, se verificar que as mesmas não são oportunas. Terá, também aqui, de atuar com isenção.

3. PERÍODO ANTES DA ORDEM DO DIA

No capítulo V, desenvolvemos esta matéria.

Para o presidente da assembleia geral, vocacionado para dirigir os trabalhos de modo a que os pontos da ordem do dia sejam finalizados, este período (antes da ordem do dia ou antes da ordem de trabalhos) é, muitas vezes, um verdadeiro teste à sua capacidade de gestão do tempo e condução da reunião. Tal sucede, sobretudo, quando "chovem moções", sobre os mais variados assuntos.

4. ORDEM DE TRABALHOS

Eis-nos, finalmente, chegados à desejada ordem de trabalhos, ou seja, aos pontos para os quais a assembleia foi convocada.

Terminado o período antes da ordem do dia, o presidente proclama:

> *"Vamos entrar no ponto 1!".*

4.1. Apresentação das propostas

4.1.1. Nas associações

Se existir já uma proposta relativamente ao primeiro ponto da ordem de trabalhos, como sucede com a proposta de aprovação dos documentos de prestação de contas, o presidente da mesa convida o presidente da direção a efetuar a apresentação oral da proposta. Naturalmente que o orador não vai ler documentos tão extensos, mas fica-lhe bem apresentar o enquadramento dos mesmos e as suas linhas gerais. O presidente da direção poderá solicitar a outros elementos da direção que explicitem este ou aquele ponto da sua área de atividade, dando, assim, uma imagem de coletivo coeso.

Se for uma proposta de outro teor, apresentada por um associado, o presidente da mesa lê a proposta e convida o associado a fazer a sua apresentação (fundamentação).

4.1.2. Condomínios

Como já referido, a assembleia dos condóminos apenas tem competência para a administração da partes comuns, não tendo poderes deliberativos sobre as frações autónomas. No entanto, com muita frequência discutem-se assuntos de interesse comum que preocupam os condóminos.

Por exemplo, os ruídos incómodos provocados por quem dá frequentes festas até altas horas da noite, violando a legislação em vigor, podem dar origem a queixas, incluindo às autoridades policiais. Mas podem, também, ser objeto de discussão na assembleia dos condóminos, de modo a chamar a atenção do condómino causador da perturbação e, eventualmente, tomar uma posição coletiva de desagrado. Mas já não poderá deliberar a propositura de uma ação judicial pelo condomínio, pois não está em causa a administração de partes comuns.

Quanto às propostas a apresentar à assembleia, releva, em primeiro lugar, a proposta de aprovação de contas relativa ao ano anterior, objeto da assembleia que reúne, nos termos da lei (art. 1431º, nº 1, do Código Civil), na primeira quinzena de janeiro do ano seguinte.

Embora a lei seja omissa, os regulamentos de condomínio contêm, regra geral, normas sobre a antecedência da apresentação das contas, de modo a que os condóminos possam ter um conhecimento prévio das mesmas e, querendo, consultar os documentos de suporte. Como quase todos os condóminos têm correio eletrónico, nem sequer existe uma despesa suplementar com esse envio. Muitas vezes, a própria convocatória para a assembleia refere que as contas estão à disposição dos condóminos na sala de condomínio ou em outro local de fácil acesso.

Também já vimos que a inclusão na ordem de trabalhos de um ponto como "Tratar de assuntos de interesse geral" não permite deliberações, pois não consubstancia uma matéria específica na ordem de trabalhos.

4.1.3. Sociedades comerciais

"Com frequência, nas grandes sociedades, a Assembleia Geral não passa de uma encenação, já estando decidido o sentido de voto em reunião informal anterior dos acionistas de maioria, por força de acordos parassociais, com emissão das necessárias procurações a favor de quem os represente na assembleia" ("Sociedades Comerciais", António Pereira de Almeida, 3ª edição, Coimbra Editora, pág. 109).

As propostas apresentadas em assembleia geral das sociedades anónimas têm de se subordinar ao princípio de que o conselho de administração tem plenos e exclusivos poderes de administração e representação da sociedade (art. 405º do Código das Sociedades Comerciais), razão pela qual a assembleia só poderá deliberar sobre matérias de gestão a pedido da administração. Nem por cláusula estatutária é possível atribuir poderes de gestão à assembleia geral.

No caso das sociedades por quotas, há matérias que estão na área da competência reservada dos sócios (art. 246º do Código das Sociedades Comerciais), incumbindo a administração da sociedade aos gerentes (art. 252º, nº 1). Porém, pode haver limitações à vinculação das sociedades pelos gerentes, decorrentes de cláusulas estatutárias ou resultantes de deliberações sociais (art. 260º, nº 1).

Nas assembleias gerais para apreciação anual da situação das sociedades por quotas (aprovação dos documentos de prestação de contas), o relatório de gestão e os documentos de prestação de contas devem estar patentes aos sócios, na sede da sociedade, durante as horas de expediente, a partir do momento em que é expedida a convocação para a assembleia geral destinada à sua apreciação (art. 263º, nº 1).

Nas sociedades anónimas, o art. 375º, nº 2, CSC, impõe ao Conselho de Administração a obrigação de apresentar as propostas e documentos necessários à aprovação dos documentos de prestação de contas, no ato de solicitação da convocatória de assembleia geral. Por sua vez, o art. 289º, sob a epígrafe "Informações preparatórias da assembleia geral", impõe a obrigação de facultar à consulta dos acionistas, na sede da sociedade, as propostas de deliberação a apresentar à assembleia pelo órgão de administração, bem como os relatórios ou justificação que as devam acompanhar (alínea c).

A alínea e) contempla especificamente os documentos de prestação de contas.

4.1.4. Órgãos autárquicos

No caso dos órgãos autárquicos deliberativos, importa ter em atenção que os órgãos executivos (junta de freguesia e câmara) são representados, nas assembleias de freguesia e nas assembleias municipais, pelos respetivos presidentes. Como regra, os vogais da junta e os vereadores só usam da palavra se o presidente de junta ou o presidente da câmara der a anuência. Por isso, as propostas dos órgãos executivos são objeto de apresentação pelos presidentes.

Os vogais da junta e os vereadores da câmara poderão ainda usar da palavra se o plenário o solicitar bem como para defesa da honra. A solicitação do plenário implica haver uma maioria de membros da assembleia a pretender a intervenção do membro do executivo.

Há propostas da junta e da câmara que não podem ser alteradas; tal significa que apenas podem ser objeto de aprovação ou rejeição, no seu todo.

No caso das freguesias, a assembleia de freguesia não pode alterar as propostas relativas às opções do plano e orçamento, bem como as suas revisões, nem os regulamentos externos e o mapa de pessoal da freguesia, documentos de inventário de bens, direitos e obrigações patrimoniais e respetiva avaliação assim como os documentos de prestação de contas (art. 9º, nº 3, da Lei nº 75/2013, de 12 de setembro).

No caso dos municípios, a assembleia municipal não pode alterar as propostas apresentadas pela câmara relativas às opções do plano, orçamento e respetivas revisões, de autorização para adquirir, alienar ou onerar bens imóveis de valor superior a 1000 vezes a RMMG e fixar as respetivas condições gerais, podendo determinar o recurso à hasta pública, assim como alienar ou onerar bens ou valores artísticos do município, independentemente do seu valor, de criação ou reorganização dos serviços municipais e estrutura orgânica dos serviços municipalizados, inventário dos bens, direitos e obrigações patrimoniais e respetiva avaliação bem como os documentos de prestação de contas (art. 25º, nº 3, diploma citado).

Significa isto que os membros das assembleias podem criticar, insurgir-se, votar contra, mas não podem formular alterações a tais propostas. Os órgãos executivos podem, no entanto, acolher em nova proposta as recomendações e sugestões.

4.2. Passagem aos pontos seguintes

Votadas as propostas apresentadas em determinado ponto da ordem de trabalhos ou apenas discutida a matéria (quando não há propostas), passa-se ao ponto seguinte, e assim sucessivamente, até se esgotar a ordem de trabalhos.

Se a proposta for aprovada, transforma-se em deliberação.

Capítulo X
Documentos entregue na Mesa

Entre os documentos entregues na mesa da assembleia geral avultam a moção, a proposta, a recomendação e o requerimento.

1. MOÇÃO

A moção é um documento que enuncia princípios, orientações e tomada de posição da assembleia relativamente a matérias para as quais esta normalmente não tem competência. É apresentada quase sempre no período antes da ordem de trabalhos.

Enquanto a proposta incide sobre um assunto da ordem de trabalhos, visando obter uma deliberação da assembleia relativamente a matéria da sua competência, a moção expressa como que um sentimento da assembleia. A moção não produz efeitos concretos, ao contrário da proposta.

No princípio da moção, consta o seu título, que corresponde à matéria de que trata, muitas vezes sob a forma de uma palavra de ordem ou "slogan".

EXEMPLO

Considerando (texto com vários parágrafos, condensando os fundamentos), a Assembleia Municipal de Chaves delibera:

a) manifestar o seu repúdio pela posição arbitrária tomada por...

b) solidarizar-se com as pessoas prejudicadas pela decisão em causa;
c) incentivar a população a lutar, pelos meios legais aos seu alcance, para que seja revertida a decisão.

Num município limítrofe de Lisboa, foi apresentada na assembleia municipal uma moção defendendo a gestão intermunicipal da Carris, de modo a que a gestão desta empresa que voltou para a esfera pública não ficasse limitada a Lisboa. Veja-se, no final, exemplo de moção, como **doc. nº 5**. A moção foi apresentada pelo Bloco de Esquerda, partido exímio na apresentação de documentos deste género, bem estruturados.

O documento aprovado foi uma moção e não uma proposta. Porquê? Pelo facto de a assembleia municipal não ter poderes para deliberar sobre a matéria, já que a deliberação sobre a forma de gestão não é da competência deste órgão autárquico. Tal como sucede com as propostas, as moções podem ser enviadas antes mesmo de a assembleia se iniciar, o que permite a ponderação antecipada sobre o seu teor. Na prática autárquica dos órgãos deliberativos (assembleia de freguesia e assembleia municipal), é recomendado que assim seja, de modo que as moções sejam previamente enviadas aos membros do órgão, permitindo-lhes uma tomada de posição esclarecida.

Porém, os regimentos não podem impor que assim seja, pois constitui um direito dos participantes apresentar, no decurso da assembleia, moções e propostas, a não ser que se esteja perante um ponto de ordem de trabalhos que obste à apresentação do documento (pelo facto de este não ter nenhuma relação ou conexão com o ponto da ordem de trabalhos em causa).

1.1. Admissão

Apresentada a moção, é feita a sua leitura pela mesa ou pelo proponente, se a mesa lhe conceder a palavra para esse efeito.

Sobre a moção, vão incidir duas votações:

a) admissão: a primeira votação, diz respeito à admissão do documento para discussão;
b) aprovação: a segunda votação, diz respeito à aprovação do próprio documento admitido para discussão, após a conclusão desta.

Qual a razão de ser da votação para admissão? Poderá eventualmente suceder que a assembleia não esteja interessada sequer em discutir determinado assunto, considerando-o totalmente irrelevante e desprovido de interesse. A mesa submete a moção à admissão, sem mais formalidades: "*Quem vota contra a admissão, levanta o braço!*", "*Quem se abstém?*" e "*Quem vota a favor?*", são as três perguntas formuladas.

Se a admissão tiver sido rejeitada, é como se moção não tivesse sido apresentada, em termos de consequência prática. Há quem considere uma ofensa pessoal a rejeição da admissão. Outros defendem que todos os documentos devem ser admitidos à discussão, pois só assim se fica esclarecido sobre o seu conteúdo.

Que dizer de tais considerações? Se o apresentar qualquer documento é um direito do sócio, rejeitar a discussão desse documento é, igualmente, um direito da assembleia. A haver melindre do sócio ou participante na assembleia pela rejeição liminar de um documento, haveria de igual forma melindre da assembleia por se ter perdido tempo com uma discussão inútil, face ao manifesto desinteresse dos presentes. Se todo o documento devesse ser necessariamente admitido, a votação da sua admissão seria, então, uma formalidade ridícula e inútil. A votação da admissão representa a possibilidade de a assembleia dar, ou negar, anuência para se ocupar do objeto da moção e isto para evitar que os assuntos que a assembleia repudia em absoluto consumam tempo e energias desnecessariamente.

Haverá alguma incoerência pelo facto de a assembleia admitir a moção para discussão e, depois, rejeitar a sua aprovação? Não, pois a aprovação da admissão apenas significa que a assembleia está interessada em debater a moção, ou mais exatamente, não rejeita liminarmente o documento. Aliás, nos órgãos autárquicos deliberativos, em que coexistem várias forças políticas com diferentes perspetivas, existe o consenso de "deixar passar" a admissão das moções apresentadas, não inviabilizando a discussão.

Admitida para discussão, a moção pode ser retirada pelo proponente, seja pela previsão da sua rejeição seja por reconhecer válidas as objeções suscitadas nas intervenções. Nesta hipótese, o proponente, declara à mesa: "*Retiro a moção apresentada*".

Há, porém, quem entenda que, uma vez admitida à discussão, o documento não pode ser retirado, pois passa a "ser da assembleia".

1.2. Admissão de várias moções. Numeração

Admitidas várias moções, ainda que sobre temas diferentes, é de boa técnica proceder à sua numeração, pela ordem de entrada e de admissão, sem prejuízo de elas se diferenciarem pelo próprio título. Assim, teremos a moção nº 1, moção nº 2...

1.3. Discussão

Se tiver sido apresentada uma única moção, não há motivos para dispersão nas intervenções, pois elas centram-se na moção em causa. A dificuldade surge quando foram admitidas várias, sobre temas diferentes. Aí, a mesa poderá usar duas metodologias diferentes.

Uma primeira, será separar a discussão das moções, ou seja, apenas admitir a discussão da segunda moção depois de a primeira ser votada. Esta metodologia tem inconvenientes, pois os trabalhos acabam por demorar mais tempo. Daí a utilização quase sempre de uma segunda metodologia: uma vez admitidas as várias moções, são postas à discussão em simultâneo, ou seja, um orador pode debruçar-se sobre todas elas. Assim se consegue poupar tempo, evitando que as moções, sobretudo as apresentadas no período antes da ordem do dia, acabem por reduzir o tempo dedicado às propostas que constam na ordem de trabalhos, motivo principal da convocação da assembleia.

1.4. Fusão de moções

Apresentadas por vários elementos da assembleia moções diversas sobre o mesmo tema, é frequente os proponentes fundirem-nas, ou seja, os proponentes aceitam a elaboração de uma moção única, tendo geralmente por base uma delas. Há como que um jogo negocial, com cedências recíprocas, em que cada palavra é meticulosamente analisada, até se chegar a um consenso.

1.5. Votação

Eis, finalmente, chegada a votação.

Por vezes, é pedido algum tempo (dez minutos, quinze minutos...) para a definição do sentido de voto. Em tais circunstâncias, o presidente da mesa suspende os trabalhos e os membros da assembleia retiram-se para acertar posições. Havendo vários grupos, cada um reúne-se separadamente e depois, alinhadas as posições, as "chefias" contactam entre si. Votada a moção favoravelmente, considera-se aprovada.

Na parte final das moções, nos órgãos autárquicos deliberativos, é usual figurar a quem as mesmas devem ser enviadas, para efeitos de informação e publicitação.

2. PROPOSTA

Diferentemente do que sucede com a moção, a proposta insere-se num ponto da ordem de trabalhos para a qual a assembleia tem competência funcional. Visa, como já referimos, a deliberação sobre matérias que interessam à assembleia e para a qual a mesma foi convocada.

A proposta é redigida em nome do proponente, contendo uma parte inicial, os considerandos, depois o "proponho" ou "propõe-se" e, seguidamente, os pontos concretos que se pretendem aprovar. Na prática das assembleias, a aprovação opera-se com uma única votação, não havendo aprovação na generalidade e aprovação na especialidade, mas uma única, da proposta em si.

Durante a discussão, podem outros elementos sugerir alterações e correções à proposta, que podem ser aceites pelo proponente. Os oradores que propuseram as alterações e não as viram aceites podem elaborar um documento alternativo, para ser posto à discussão e votação. Apenas assim não será se houver uma norma que consagre a exclusividade de apresentação de propostas por um determinado órgão, não se admitindo alterações ou modificações da assembleia. Tal sucede, designadamente, como já se referiu, em determinadas matérias autárquicas, como o plano de atividades ou os documentos de prestação de contas, que são apresentados pelo órgão executivo e não admitem alterações pelo órgão deliberativo.

Veja-se, no final, exemplo de proposta, apresentada pela direção de uma associação à assembleia geral de sócios, como **doc. 6**.

2.1. A figura das "Conclusões"

Por vezes, a assembleia discute determinado assunto, sem que haja uma proposta concreta para ser submetido à votação. No entanto, registou-se um consenso sobre esse assunto. Em tais situações, o presidente de mesa interveniente elabora, rapidamente, uma proposta para ser submetida a votação ou, então, elabora "Conclusões", que expressam também a vontade coletiva da assembleia, sem terem o formalismo de uma proposta apresentada.

As "Conclusões" surgem, assim, como que sendo linhas gerais de orientação que mereceram o consenso da assembleia.

3. RECOMENDAÇÃO

Diferentemente do que sucede com a proposta, que visa uma deliberação para a qual o órgão detém competência funcional, a recomendação constitui uma forte sugestão ou conselho dado a outro órgão. O órgão que recomenda a outro manifesta a sua posição mesmo sem ser chamado a se pronunciar. Se fosse esse o caso, estaríamos na presença de um parecer.

A recomendação não vincula o órgão à qual se destina, mas merece a sua reflexão e ponderação.

Veja-se, no final, exemplo de recomendação, como **doc. 7.**

4. REQUERIMENTO

O requerimento constitui uma figura diferente da moção ou da proposta. Diz normalmente respeito ao funcionamento da assembleia, sem que seja uma chamada de atenção à mesa (como é o ponto de ordem). Muitas vezes é oral.

O que se pretende com a apresentação do requerimento? A maior parte das vezes, que seja adotado um procedimento no decurso da assembleia. Por exemplo, que seja votada uma proposta primeiro de que a outra, pois essa cuja votação se pretende em primeiro lugar prejudicará a votação da segunda, mais exatamente torna-a inútil; que seja dispensada a leitura de uma proposta, por esta já ter sido distribuída; que sejam suspensos ou interrompidos os trabalhos...

O requerimento não tem considerandos e tem prioridade sobre as inscrições, "passa à frente", como se diz na terminologia das assembleias. Finda a intervenção que está a ser feita, o orador pede a palavra, levantando-se e dizendo:

> *"Peço a palavra para um requerimento!".*

Ou seja, o requerimento, ainda que tendo prioridade sobre as inscrições existentes, não tem o condão de permitir a interrupção do orador que está a intervir. Este tem de terminar a intervenção e só então é votado o requerimento.

4.1. Requerimento para passar imediatamente à votação: "golpe" ou exercício de um direito?

As minorias insurgem-se e clamam que é um golpe, classificando-o como expressão da "lei da rolha". Quando o assunto está suficientemente discutido e os oradores repetem-se à exaustão, entra um requerimento

> *"Requeiro que se passe imediatamente à votação!"*

O requerimento é votado de imediato, não admitindo discussão. Importa é que tenha havido a discussão livre e esclarecida do documento. Se tal suceder, não se pode dizer que seja um "golpe", pois constitui um mero pedido para se passar à votação. A apresentação de um requerimento constitui, assim, um direito, a ser usado com parcimónia.

O elemento da assembleia apresenta o requerimento à mesa, esta submete-o a votação imediata e o requerimento ou é aprovado ou é rejeitado. Basta a maioria dos votos para se considerar aprovado, não sendo necessária a maioria qualificada de dois terços, como, por vezes, se entendeu sobretudo em assembleias de estudantes.

Veja-se, no final, exemplo de requerimento, como **doc. 8.**

Capítulo XI
Intervenções na Assembleia

1. O USO DA PALAVRA

Quando chega o momento das intervenções, a mesa declara: *"Estão abertas as inscrições"*. Nenhum participante numa assembleia fala, intervém, usa da palavra (na terminologia das assembleias), sem que previamente o solicite ao presidente da mesa.

A forma habitual de pedir o uso da palavra consiste em levantar o braço, até que a mesa olhe e faça um gesto de cabeça afirmativo, significando que tomou nota (no caso se haver já outras pessoas inscritas) ou que está a dar a palavra. Numa assembleia com muitos participantes, a concessão do uso da palavra é dado pela expressa indicação oral: *"Tem a palavra o Sr... para uma intervenção"*.

A mesa deve tomar nota do nome do orador; caso o não saiba, ao conceder a palavra formula a interrogação e regista o nome. Não fica bem dizer: *"Tem a palavra o senhor de casaco castanho"*.

As inscrições dos oradores é feita pelo 1º secretário ou pelo 2º secretário, que deverão estar atentos e registar de imediato os pedidos, para evitar o queixume: *"Eu tinha pedido a palavra primeiro!"*.

2. COMO FALAR EM ASSEMBLEIA

2.1. Regras básicas

Para usar da palavra, não é necessário um curso de oratória.

A primeira regra é a de que devemos definir o âmbito da intervenção, ou seja, delimitar o objeto da intervenção. Se, por exemplo, estão a ser apreciados os documentos de prestação de contas e apenas nos queremos pronunciar sobre a falta de receitas evidenciadas, vamos, então, cingir-nos, na nossa intervenção, a tal aspeto.

A segunda é a de que devemos, previamente, ter uma posição definida sobre a matéria em discussão. Será, naturalmente, diferente se a intervenção se destinar a pedir esclarecimentos, pois aí o participante pretende o aclaramento de algum assunto.

A terceira regra é a simplicidade e esquematização de raciocínio. Utilizar expressões simples, compreensíveis para quem nos está a ouvir, não usar uma linguagem empolada e de difícil assimilação para quem nos ouve. No decurso da intervenção, lembrar-nos sempre que há um princípio, um meio e um fim, pelo que o raciocínio deve ser esquematizado, de forma a que o fim seja a conclusão lógica do que foi dito anteriormente.

Nas intervenções orais, não se lê documentos (a não ser em sessões solenes, em que é habitual a leitura da intervenção documentada). Mas facilita a intervenção o uso de uma folhinha, com os tópicos a abordar. António Costa sempre o fazia, até o considerar desnecessário, pela sua capacidade de esquematização mental.

A quarta regra é a síntese. Se podemos dizer algo em cinco minutos, para quê prolongar a intervenção, criando enfado e cansaço? Nas assembleias tumultuosas pós 25 de abril, era habitual os grupos "progressistas" fazerem intervenções muito longas, para cansar os que tinham menos "consciência política", levando-os, pelo cansaço, a abandonar a reunião, até se atingir uma maioria previsivelmente favorável. Nessa altura, dava entrada o famigerado requerimento para se passar imediatamente à votação.

Recordo-me de uma assembleia no então Sindicato dos Caixeiros, em março de 1975, em Lisboa, em que se pretendia deliberar que as comissões dos vendedores de automóveis revertessem para todos os trabalhadores e não apenas para quem estivesse nos stands. Como é evidente, os vendedores (hoje técnicos de vendas) estavam revoltadíssimos, mas acabaram por abandonar a reunião à medida que o ponteiro dos relógios avançava, ultrapassando em muito a meia noite...

A quinta regra é sermos convincentes quando falamos. Quando não acreditamos naquilo que estamos a dizer, quando nos limitamos a fazer um frete, nota-se, pela entoação de voz, pela linguagem gestual, a fraqueza das nossas convicções. E não estamos a ser eficazes. Possivelmente teria sido melhor não intervir.

Sermos convincentes também significa falar alto, em vez de sussurrar. Mas sem berrar. Ainda referindo-nos às assembleias de estudantes tumultuosas do pós-25 de abril recordo-me que na Faculdade de Direito de Lisboa era intensa a luta entre os militantes do MRPP e os da UEC (organização estudantil do PCP). Os do MRPP eram pródigos na cacetada, como era o caso de Durão Barroso, acusando as raparigas da UEC de serem "galinhas", por manifestarem a sua indignação aos gritos.

A sexta e última regra que indicamos é a modéstia. Um orador que se gaba e vangloria cria má vontade, provoca uma rejeição emocional da assembleia. Mas a excessiva modéstia também produz um efeito negativo. Em assembleias de estudantes, havia um orador que sempre usava da palavra, começando com esta frase: "É a primeira vez que intervenho numa assembleia, pelo que peço que me desculpem se digo algum disparate". Na primeira vez, isso foi considerado modéstia, na segunda um erro admissível, na terceira já significou chacota e descredibilização.

Há, também, aspetos práticos a considerar.

2.2. Falar sentado ou de pé?

Nas assembleias com poucos participantes, como sucede nas assembleias gerais de sociedades por quotas, não é habitual o orador levantar-se. Mas quando há mais participantes ganha-se um novo impulso se nos erguermos da cadeira e fizermos a intervenção de pé, procurando, inclusivamente, usar da palavra de um ângulo em que possamos ser vistos por todos. Assim, se estivermos sentados a meio da sala, levantamo-nos, dirigimo-nos para a frente da sala, e procuramos falar junto à mesa, de um ângulo em que possamos ser vistos por todos.

O trabalho estará facilitado se houver um microfone, à frente, ou um palanque, ou seja, uma estrutura fixa com aparelhagem sonora.

2.3. Pôr emoção na intervenção

Não precisamos de ser atores, como se estivéssemos em cena. Mas importa pôr emoção quando se fala, não nos limitando a uma linguagem seca, técnica e desprovida de sentimento. Também por isso, em vez de pormos as mãos nos bolsos, fica bem "falarmos" também gestualmente, com o corpo e com as mãos...

Falar é não apenas tentar convencer da razão que nos assiste, mas também transmitir emoções e sentimentos.

2.4. Uma graça pelo meio, não uma graçola

Dizer pelo meio algo de irónico ou hilariante deixa a assembleia bem disposta e cria um ambiente favorável. Uma graça, não uma graçola de baixo nível, e muito menos uma asneira (bad words), que fica sempre mal e deixa uma péssima impressão sobre o nosso nível educacional.

Há quem pense que há duas linguagens, uma para os círculos culturais mais esclarecidos e outra para as coletividades. É natural que se utilize uma determinada abordagem, em meios culturais mais esclarecidos, e outra quando o nível intelectual não seja tão elevado. Mas embora se aceite a existência de diferenças culturais, há aspetos que têm de ser sempre respeitados, e um deles é a consideração pelas pessoas

Da mesma forma, usa-se uma indumentária diferente, se se estiver perante uma assembleia geral de acionistas de uma grande sociedade anónima (em que a regra, para os homens, é o fato e gravata e para as senhoras a saia e casaco, com uma bela carteira) ou se estivermos numa assembleia geral de uma coletividade ou associação, em que devemos ir vestidos de uma forma mais simples e descontraída.

2.5. Limites à liberdade de expressão: injúria e difamação

Por vezes, há oradores que não apenas melindram pessoas presentes como também as injuriam e difamam, cometendo, assim, infrações penais (crimes).

A liberdade de expressão, constitucionalmente consagrada, tem um limite objetivo: o respeito pelo bom nome, reputação e intimidade, salvaguardando o conteúdo essencial dos direitos individuais.

Existe uma diferença tradicional entre a injúria e a difamação. Na injúria, não se imputa um facto preciso, concreto. Exemplo: "és um ladrão!". Ser ladrão significa que o visado não é honrado, antes pelo contrário. Na difamação, é atribuído um facto concreto, uma imputação ofensiva. Exemplo: "roubaste a receita do espetáculo".

As afirmações injuriosas ou difamatórias apenas são admissíveis quando realizarem interesses legítimos e o alegado for verdadeiro ou, pelo menos, houver fundamento sério para considerar, de boa fé, como verdadeiro.

A liberdade de emitir opiniões em público sobre qualquer pessoa tem sempre como limite a objetividade e racionalidade.

Há fórmulas de evitar cair na ofensa. Em vez de se dizer "o orador anterior mentiu", podemos dizer "faltou à verdade" ou "não disse a verdade".

O presidente da Junta de Marialva foi condenado a pagar 5.000 euros de indemnização ao presidente da Assembleia Municipal da Meda por injúrias e difamação. O Tribunal local deu como provados os três crimes de que estava acusado António Tavares, que não recorreu, pelo que a sentença transitou em julgado.

Os factos remontam a Setembro de 2006 e têm a ver com declarações do autarca num Congresso de Património, Turismo e Desporto e artigos publicados na imprensa. O presidente da Junta acusava Paulo Romão de utilizar, nomeadamente, o dinheiro do executivo para escrever cartas privadas, aludindo a uma missiva em que lhe retirava confiança política. Na altura, Tavares chegou a propor uma ação em Tribunal contra o presidente da Assembleia Municipal, que foi arquivada.

O Tribunal Europeu dos Direitos do Homem divergiu do Supremo Tribunal de Justiça, que, em 2006, num processo cível, condenou um jornal e três jornalistas a pagarem uma indemnização a um clube de futebol. O Tribunal Europeu considerou que, nesse caso, a liberdade de expressão devia prevalecer sobre o direito ao bom-nome, acentuando que havia base factual na notícia.

3. ENCERRAMENTO DAS INSCRIÇÕES

Sentindo o presidente da mesa que a discussão das propostas já está suficientemente amadurecida, há uma forma clássica de pôr termo à eternização da discussão; consiste em a mesa declarar "*As inscrições encerram dentro de cinco minutos*" ou "*As inscrições terminam quando o próximo orador terminar a sua intervenção*".

Ora, quem não está inscrito, ainda se pode inscrever. Mas quem já está inscrito, não pode inscrever-se uma segunda vez se, entretanto, se já tiverem decorridos os cinco minutos concedidos. Claro está que este procedimento, de dar um prazo para as últimas inscrições, pressupõe que já tenham havido intervenções com os diversos pontos de vista e que já pouco exista para esclarecer. Tem de haver muita sensibilidade do presidente em não atrofiar a discussão, sob pretexto de que a ordem de trabalhos tem de ficar concluída.

Neste âmbito, pode haver interesses contraditórios: o do órgão de direção ou administração da pessoa coletiva, que pretende a aprovação a todo o custo, atendendo por vezes aos prazos legais a cumprir, como sejam os documentos de prestação de contas, e o interesse da assembleia, entendida como o conjunto dos participantes, em votar de modo totalmente esclarecido, com as dúvidas dissipadas.

O presidente não pode atuar como um prolongamento do órgão de direção ou administração; ele faz parte da assembleia, foi eleito para conduzir os trabalhos da melhor forma. Por isso, não deve atuar discricionariamente, mas de forma prudente e razoável, conciliando os interesses em jogo.

4. LIMITAÇÃO DE TEMPO NO USO DA PALAVRA

Uma outra forma de abreviar a discussão, ou mais exatamente de não a prolongar excessivamente, consiste em limitar o período das intervenções.

Quando tal sucede, o limite habitual é de cinco minutos, período considerado suficiente para a exposição da posição que o orador pretende defender. Mas se o ponto da ordem de trabalhos contiver matéria complexa, esses cinco minutos poderão não ser suficientes.

Também aqui o presidente deve ser cuidadoso, procurando conciliar os interesses em jogo e não tomando posições arbitrárias e pouco maleáveis. Mas a regra é esta: definido um critério pelo presidente da mesa e aceite esse critério pela assembleia, é para ser aplicado.

Referimos "aceite esse critério pela assembleia", porquê? É que embora compita ao presidente da mesa a condução da reunião, poderá suceder que a assembleia não concorde e imponha outro. Por exemplo, no caso dos cinco minutos para cada intervenção, o presidente da mesa dirá à assembleia: "*Se a assembleia estiver de acordo, vamos fixar o período de cada intervenção em cinco minutos*". Mas não põe à votação, passa logo à frente, a não ser que haja protestos da assembleia, clamando pela insuficiência dos cinco minutos. Desta forma, não estará a impor uma medida mas a fazê-la aceitar pela assembleia.

Alguns regimentos estabelecem limites no uso da palavra, em função de cada ponto da ordem de trabalhos. Por exemplo, em cada ponto da ordem de trabalhos nenhum membro da assembleia poderá usar da palavra mais de duas vezes.

Nas assembleias municipais, é habitual os regimentos estabelecerem um limite temporal para cada bancada ou grupo de eleitos, em função do número de elementos de que dispõe. Esgotado o tempo, poderá outra bancada ceder os minutos que faltam...

5. O PONTO DE ORDEM À MESA

Nas assembleias mais participadas, é frequente um orador levantar-se e usar da palavra, de forma muito rápida, exclamando: "*Ponto de ordem à mesa!*"

O que é o ponto de ordem à mesa? É uma chamada de atenção ao presidente da mesa sobre a forma como estão a ser conduzidos os trabalhos. O ponto de ordem à mesa não tinha autonomia em relação ao requerimento. Mas em rigor o ponto de ordem não se destina a ser votado, como sucede com os requerimentos, mas apenas a suscitar a atenção da mesa para alguma irregularidade ou para a necessidade de tomar alguma medida para que os trabalhos decorram de forma mais eficaz.

Assim, o interpelante poderia dizer: "*Ponto de ordem à mesa! Nada do que o orador diz tem a ver com a ordem de trabalhos desta assembleia*".

Neste caso, o ponto de ordem era proferido a meio da intervenção do orador em causa, sob pena de perder o efeito útil. Face ao ponto de ordem, o presidente da mesa, reconhecendo a razão de ser do mesmo, dirige-se ao orador e diz: "*A mesa pede ao Sr. X para centrar a sua intervenção no assunto que está em discussão, sob pena de lhe ser retirada a palavra*".

O ponto de ordem não se confunde com uma intervenção. Deve ser curto e rápido, sem fundamentação. Por vezes, não sucede assim e o interpelante o que procura é fazer uma verdadeira intervenção, à margem das inscrições existentes. Nessas situações, de abuso, o presidente da mesa deve retirar a palavra.

6. A DEFESA DA HONRA

Outra situação algo frequente, nas assembleias mais concorridas, consiste no uso da figura da "defesa da honra". Em que consiste? Determinado orador acusa alguém de determinada conduta ou insinua que teve um procedimento menos claro. O visado pede a palavra em defesa da sua honra pessoal, que foi atingida. O uso da palavra, ao abrigo desta figura, dispensa o "ofendido" de ter de se inscrever para se defender, usando da palavra apenas quando chegasse a sua vez. Com base na "defesa da honra" pode de imediato reagir à acusação e defender-se.

O problema consiste no uso excessivo da figura, sem que exista base para o fazer. Na verdade, em muitas situações a honra não foi beliscada, o que se pretende é intervir ultrapassando os inscritos. Acaba, assim, a defesa da honra por ser uma panela muito grande, onde cabe tudo.

Já tem sucedido que a uma defesa da honra surge outra intervenção de outro orador, que se considerou atingido pelas declarações anteriores de defesa da honra, numa sequência infindável. De qualquer modo, a defesa da honra está limitada a uma muito curta intervenção, restringida à defesa da honorabilidade.

7. A RETIRADA DA PALAVRA

Constitui uma decisão difícil, mas por vezes é inevitável: a retirada da palavra ao orador. Tal sucede quando se esgotou o período da intervenção (embora não fique mal alguma condescendência, se a intervenção estiver a ser escutada com atenção) ou por outras razões que infelizmente acontecem, como seja se o orador injuria ou difama alguém.

O presidente da mesa não pode admitir que um orador dirija insultos a outrem e, por isso, deve ser firme. Há certas regras tácitas. Por exemplo, em vez de se chamar mentiroso a outro (injúria), pode-se dizer que não disse a verdade ou que faltou à verdade. É um eufemismo, mas tem uma conotação completamente diferente.

O "mentiroso" é um traço de personalidade, um defeito grave que está a ser imputado. O "não dizer a verdade" ou "faltar à verdade" constitui algo que ocorreu e que pode ser excecional, podendo não constituir o comportamento habitual da pessoa. Poderá, também, resultar de falta de informação.

8. A ASSEMBLEIA, INSTÂNCIA DE RECURSO

Retirada a palavra ao orador ou tomada outra atitude drástica pela mesa, na condução dos trabalhos, como se poderá reagir, em caso de insatisfação da decisão do presidente da mesa? Requerer que o assunto seja reapreciado pela assembleia, que deliberará sobre a questão, podendo revogar a decisão da mesa, o que não deixa de configurar, na prática, uma censura à mesa pelo procedimento adotado. O presidente da mesa, ainda que contrariado, terá de acatar a deliberação da assembleia, pois esta é soberana, como já foi aqui referido.

Caso se agrave o diferendo (mesa versus assembleia geral), poderão os elementos da mesa ser alvo de uma moção de censura, que poderá significar a demissão da mesa.

Capítulo XII

Votação

1. A VOTAÇÃO, MEIO DE EXPRESSÃO DA VONTADE COLETIVA

Discutiu-se, discutiu-se, discutiu-se. Por vezes pouco tempo, mas não quantas vezes durante largo período, quando não horas. De pouco servirá a discussão se, no final, nenhuma deliberação for tomada. A expressão da vontade individual processa-se através da votação.

Contrariamente ao que alguns defendem, mesmo que um membro de uma assembleia não tenha assistido à discussão, por ter chegado tarde à reunião, poderá exercer o seu direito de voto. Naturalmente que, se não estiver esclarecido, o voto mais coerente será a abstenção, mas não está obrigado a tal.

2. O CONSENSO

Nem sempre há uma votação formal. Por vezes, regista-se o consenso, que não tem consagração legal mas acaba por ser frequentemente adotado. Marcelo Rebelo de Sousa escreve, a este propósito:

> "A deliberação dos órgãos colegiais supõe disciplina do respetivo processo, que pode reconduzir-se à votação ou ao consenso, sendo este mais frequente nos órgãos do tipo colégio.

> Embora o Código do Procedimento Administrativo não refira o processo consensual, deve considerar-se que não impede que lei especial o consagre" ("Lições de Direito Administrativo", vol. I, Lex, 1999, pág. 170).

Por exemplo, o presidente da mesa ou do órgão colegial apresenta determinado documento ou proposta e, presumindo que todos estarão de acordo, pergunta: "*Estão todos de acordo, não é assim?*" ou "*Podemos considerar aprovado?*". Sem se certificar sequer se há oposição, passa à matéria seguinte, considerando-se aprovado o documento ou a proposta. Em caso de oposição, então haverá uma votação, podendo a proposta ser rejeitada.

Sob o ponto de vista formal, como o consenso não está consagrado na lei, na ata figurará que o documento ou proposta foi aprovado por unanimidade. Mas, de facto, o que ocorreu foi o consenso. Da mesma forma, em assembleias de condóminos e em assembleias de sócios ou acionistas em sociedades comerciais, a expressão da vontade ocorre, com frequência, pelo consenso, sem votação formal.

3. VOTAÇÃO E ELEIÇÃO

3.1. A assembleia eleitoral

Há, porém, votações que são por natureza secretas, não sendo conhecido de que forma a pessoa votou. É o caso, nomeadamente, da indicação de uma ou mais pessoas para um órgão ou para o exercício de determinada função. Nesta caso, designa-se essa votação por eleição, os participantes por eleitores e a assembleia geral tem a denominação de eleitoral, pelo menos para aquele ponto da ordem de trabalhos.

Tendo a eleição lugar no decurso dos trabalhos de um órgão colegial, o voto é depositado na urna. Depois de todos terem votado, contam-se os votos e o presidente do órgão proclama o resultado da eleição.

Nas associações, a fim de garantir o maior número de associados, é frequente a assembleia eleitoral decorrer ao longo de um período do dia ou mesmo todo o dia, de manhã até ao final da tarde, exceto quando é convocada para se realizar como uma assembleia formal, com os sócios presentes na sala. Neste ultimo caso, já descrito anteriormente, há a discussão do programa ou programas, seguindo-se a eleição pelos presentes na assembleia.

No primeiro caso (assembleia eleitoral durante todo o dia ou parte do dia), há uma mesa constituída, com uma urna. Cada sócio que se dirige para a mesa identifica-se, o presidente da mesa verifica a sua capacidade eleitoral, através do caderno de sócios com o registo da quotização em dia e, a seguir, entrega o boletim de voto para ser preenchido e introduzido na urna. No final da assembleia, são apurados os atos, lavrando-se a ata.

3.2. O método de Hondt

Em algumas assembleias eleitorais, aplica-se o método de Hondt, com o objetivo de dar maior representatividade às correntes minoritárias. Como se lê no site da Comissão Nacional de Eleições www.cne.pt,

> "O método de Hondt é um modelo matemático utilizado para converter votos em mandatos com vista à composição de órgãos de natureza colegial.
>
> Os dois tipos de sistemas eleitorais são o sistema Maioritário e o sistema de Representação Proporcional (RP).
>
> O sistema de RP caracteriza-se, essencialmente e de modo simples, pelo facto de o número de eleitos por cada candidatura concorrente a uma determinada eleição ser proporcional ao número de eleitores que escolheram votar nessa mesma candidatura.
>
> Ora, no âmbito deste sistema existem várias fórmulas ou modelos matemáticos que podem ser utilizados para transformar votos em mandatos a atribuir às candidaturas concorrentes a certa eleição, sendo o método de Hondt um deles.
>
> O método de Hondt, integra a categoria dos métodos de divisores – por contraposição à categoria dos métodos de maiores restos – pois a operação matemática consiste precisamente na divisão do número total de votos obtidos por cada candidatura por divisores previamente fixados, no caso 1, 2, 3, 4, 5, e assim sucessivamente.

Algumas das vantagens que são comummente apontadas ao método de Hondt são as seguintes: Assegura boa proporcionalidade (relação votos/mandatos); muito simples de aplicar em comparação com outros (com apenas uma operação atribui todos os mandatos); efeitos previsíveis e é o método mais utilizado no mundo (amplamente implementado em inúmeros países democráticos, tais como Holanda, Israel, Espanha, Argentina e Portugal).

Por outro lado, a principal desvantagem que lhe é atribuída pelos seus críticos é o facto de, tendencialmente, favorecer os partidos maiores".

4. ININTERRUPÇÃO DA VOTAÇÃO

No decurso da votação, não há interrupções. Quer isto dizer que ninguém pode pedir a palavra, para fazer intervenções. A votação é contínua, até se apurar a vontade.

Pode, antes dela se iniciar, um elemento da assembleia propor que a votação seja feita de determinada forma, em vez de outra. Por exemplo, que se faça por voto secreto, em vez de braço no ar. Mas tal ocorre antes da votação e não no decurso dela.

5. ASSOCIAÇÕES

Nas associações, as votações são efetuadas de braço no ar, exceto quando está em causa a eleição de pessoas. O presidente da mesa faz as perguntas sacramentais:

"*Quem vota contra?*", "*Quem se abstém?*" e "*Quem vota a favor?*"

As pessoas vão levantando o braço. Umas vezes, os votos são expressamente contados, outras não se faz a contagem formal, verificando-se pelo olhar qual a maioria. É mais correta a contagem formal, pela segurança e pelo apuramento do número exato de votos. Curiosamente, esta é uma das razões não assumidas pelas quais muitas vezes não se faz a contagem real dos votos, pois a publicitação do número diminuto de votos teria o condão de fragilizar a deliberação.

Não é satisfatório o procedimento, outrora corrente, de "levantados" e "sentados". Consistia no seguinte: o presidente da mesa dizia para quem estivesse de acordo com a proposta se deixar ficar sentado, quem estivesse contra levantar-se. Percebe-se a razão de não ser satisfatório o procedimento, pois era inibitório o ter de se levantar para expressar o voto negativo. Por inércia, o membro da assembleia deixava-se estar sentado, pelo que o voto favorável era, de certo modo, induzido. Hoje, este procedimento é muito raramente usado.

5.1. Maioria

> "As deliberações são tomadas por maioria absoluta de votos dos associados presentes" (art. 175º, nº 2, do Código Civil).

Se, por exemplo, estiverem presentes 200 associados e o resultado da votação sobre uma proposta for:

– a favor: 95 votos; contra: 50; abstenções: 55

será que se considera a proposta aprovada? Na prática das associações, sim. No entanto, sob o ponto de vista legal, a proposta foi rejeitada. Porquê? Porque a proposta, para obter vencimento, teria de ter pelo menos 101 votos favoráveis, ou seja, metade mais um, como se costuma dizer, pois essa é que é a maioria absoluta dos associados presentes (200).

Se a disposição legal citada tivesse outra formulação, por exemplo, "As deliberações são tomadas por maioria", aí a proposta considerar-se-ia aprovada, pois registara-se uma maioria simples ou relativa.

Será que os estatutos da associação podem consignar que as deliberações são tomadas por maioria simples? Já sabemos que os estatutos podem conter disposições diferentes do regime estatuído no Código Civil; mas apenas se existir a menção "salvo disposição em contrário dos estatutos" ou alguma expressão semelhante. Caso contrário, considera-se que as disposições do Código Civil são imperativas (não podem ser afastadas pelos estatutos). Ora, o art. 175º, nº 5, do Código Civil dispõe:

> "Os estatutos podem exigir um número de votos superior ao fixado nas regras anteriores".

Face a esta formulação, conclui-se pela impossibilidade de os estatutos consignarem a regra da maioria relativa, pois apenas poderiam fixar um número de votos superior ao estipulado no Código Civil (por exemplo, dois terços de votos dos associados presentes).

As deliberações sobre alterações dos estatutos exigem o voto favorável de três quartos do número dos associados presentes e as relativas à dissolução ou prorrogação da pessoa coletiva requerem o voto favorável de três quartos do número de todos os associados (art. 175º, nºs 3 e 4, do Código Civil).

6. CONDOMÍNIOS

Nos condomínios, a votação faz-se muitas vezes de forma consensual. Outras vezes, de braço no ar. A eleição da administração deve ser efetuada por voto secreto, o que raramente sucede.

O art. 1423º do Código Civil contém disposições destinadas a ultrapassar o impasse provocado pela falta de comparência de condóminos às assembleias. Assim, o nº 5 refere que "as deliberações que careçam de ser aprovadas por unanimidade dos votos podem ser aprovadas por unanimidade dos condóminos presentes desde que estes representem, pelo menos, dois terços do capital investido, sob condição de aprovação da deliberação pelos condóminos ausentes, nos termos do número seguinte".

É o caso das modificações do título constitutivo da propriedade horizontal ou da disposição de partes comuns, que requerem a unanimidade dos condóminos. Como é muito difícil todos os condóminos estarem presentes na assembleia, o legislador criou este mecanismo; desde que estejam presentes condóminos representando pelo menos dois terços do capital investido, se todos votarem a favor, a deliberação é comunicada aos ausentes, por carta registada com aviso de receção. Recebida a carta, os destinatários têm o prazo de 90 dias para comunicar, por escrito, o seu assentimento ou discordância, considerando-se o silêncio como concordância.

Para as restantes deliberações, funciona o mesmo mecanismo no que respeita aos condóminos ausentes.

Terá a carta enviada de especificar que a falta de resposta considera-se aprovação? A lei não o impõe, pelo que é suficiente a comunicação da deliberação.

7. SOCIEDADES COMERCIAIS

7.1. Sociedades por quotas

Neste tipo de sociedades, as deliberações são tomadas à maioria dos votos emitidos; podem, porém, os estatutos exigir maiorias qualificadas para certas matérias. Por outro lado, em caso de alteração dos estatutos ou dissolução da sociedade a maioria não pode ser inferior a três quartos dos votos correspondentes ao capital social (arts. 250º, nº 3, 265º, nº 1, e 270, nº 1, do Código das Sociedades Comerciais).

A cada sócio é atribuído um voto por cada cêntimo do valor nominal da quota.

O sócio está impedido de votar quando a matéria da deliberação estiver em conflito de interesses com a sociedade e, designadamente, quanto a matérias referidas no art. 251º, nº 1, do Código das Sociedades Comerciais, como sucede, por exemplo, com litígio sobre a pretensão da sociedade contra o sócio ou deste contra aquela.

O Código das Sociedades Comerciais consagra, no art. 247º, um regime algo semelhante ao atrás enunciado para os condóminos que não comparecem à assembleia. Trata-se das deliberações tomadas por voto escrito, ainda que não unânimes, desde que os estatutos as não proíbam e os sócios nelas acordem (art. 247º, nºs 1 e 2). Em tal procedimento, os gerentes efetuam a consulta aos sócios por meio de carta registada, na qual se indica o objeto da deliberação e se avisa que a falta de resposta no prazo de 15 dias equivale a concordância na dispensa da assembleia.

Se nenhum dos sócios manifestar a sua oposição a esta forma de deliberação, segue-se uma carta enviada pelo gerente contendo a proposta concreta de deliberação, juntamente com os elementos informativos necessários, fixando-se prazo não inferior a 10 dias para o voto. O voto tem de ser pessoal.

A deliberação considera-se tomada no dia em que for recebida a última resposta ou no final do prazo concedido.

A diferença em relação ao regime do condomínio é que, neste caso do voto escrito das sociedades por quotas, não chega a haver assembleia.

7.2. Sociedades anónimas

A assembleia delibera por maioria de votos emitidos, salvo disposição diversa da lei ou do contrato, não sendo contadas as abstenções (art. 386º, nº 1, CSC).

Voltando ao exemplo referido em 5.1, que se repete:

Se, por exemplo, estiverem presentes 200 acionistas com o mesmo número de ações e o resultado da votação sobre uma proposta for:

– a favor: 95 votos; contra: 50; abstenções: 55

Será que se considera a proposta aprovada? Sim, pois não são contadas as abstenções.

8. ADMINISTRAÇÃO PÚBLICA

O art. 31º Código do Procedimento Administrativo contém várias disposições sobre a forma de votação dos órgãos colegiais.

As deliberações são antecedidas de discussão das respetivas propostas sempre que qualquer membro do órgão colegial nisso mostre interesse e, salvo disposição em contrário, são tomadas por votação nominal, devendo votar primeiramente os vogais e, por fim, o presidente.

Poder-se-ia considerar estranha a ausência de discussão das propostas; no entanto, há uma explicação bem simples. A proposta vem fundamentada, sendo, quase sempre, integrada num processo administrativo que poderá ser lido pelos membros do órgão colegial antes da reunião, de modo a dissipar eventuais dúvidas. Por isso, a discussão apenas tem lugar quando algum membro do órgão o solicite.

Votação nominal corresponde ao oposto de votação secreta. Esta última forma de votação, secreta, tem lugar relativamente às deliberações que envolvam um juízo de valor sobre comportamentos ou qualidades de pessoas.

No silêncio da lei, é proibida a abstenção aos membros de órgãos consultivos e aos dos órgãos deliberativos, quando no exercício de funções consultivas.

Diferente da abstenção, é o não exercício do direito de voto. Marcelo Rebelo de Sousa considera que "deve entender-se, para todos os órgãos colegais, incluindo os consultivos, que não existe dever de voto" ("Lições de Direito Administrativo", obra citada, pág. 170). Assim, pode o titular do órgão pura e simplesmente dizer que não pretende votar, sem que tal constitua abstenção.

A abstenção insere-se já no exercício do direito de voto.

Não podem estar presentes no momento da discussão nem da votação os membros do órgão que se encontrem ou se considerem impedidos.

O art. 69º enuncia os casos de impedimento, sendo o mais direto, ter "interesse, por si como representantes ou como gestores de negócios de outra pessoa".

Quanto ao quórum deliberativo, o art. 32º, nº 1, estabelece que "as deliberações são tomadas por maioria absoluta de votos dos membros presentes à reunião, salvo nos casos em que por disposição legal ou estatutária, se exija maioria qualificada ou seja suficiente maioria relativa".

Nos casos em que seja exigível maioria absoluta e esta não se verifique, nem haja empate, procede-se imediatamente a nova votação e, se se mantiver a situação, adia-se a deliberação para a reunião seguinte, em que será suficiente a maioria relativa.

Havendo empate na votação, o presidente do órgão tem voto de qualidade, salvo se a votação se tiver efetuado por voto secreto.

Havendo empate no escrutínio por voto secreto, procede-se imediatamente a nova votação e se o empate se mantiver adia-se a deliberação para a reunião seguinte. Se persistir o empate nessa primeira votação da reunião seguinte, procede-se a votação nominal, na qual a maioria relativa é suficiente.

9. ÓRGÃOS AUTÁRQUICOS

Nos termos do art. 55º, nº 1, da Lei nº 75/2013, de 12 de setembro, "a votação é nominal, salvo se o regimento estipular ou o órgão deliberar, por proposta de qualquer membro, outra forma de votação". As deliberações são tomadas à pluralidade dos votos (por maioria), tendo o presidente voto de qualidade em caso de empate e não contando as abstenções para o apuramento da maioria.

O presidente vota em último lugar. No caso de órgãos deliberativos (assembleia de freguesia e assembleia municipal), entende-se que esta disposição, de votar em último lugar, abrange toda a mesa e não apenas o presidente.

Tal não o impede de exercer o seu direito de participar na discussão (com as limitações já referidas, de sair da mesa e de ser aconselhável uma atuação resguardada) e de votar, de forma plena, como qualquer membro da assembleia.

O diploma reproduz a norma do Código do Procedimento Administrativo segundo a qual as deliberações que envolvam a apreciação de comportamentos ou de qualidades de qualquer pessoa são tomadas por escrutínio secreto e, em caso de dúvida, o órgão delibera sobre a forma de votação.

EXEMPLO

A junta de freguesia vai deliberar sobre a proposta de instauração de um processo disciplinar a um trabalhador da autarquia.

A deliberação terá de ser por voto secreto, por estarem em causa comportamentos. Ao contrário do que muitas vezes se pensa, esta norma, de exigência de voto secreto, não se aplica exclusivamente à eleição de pessoas.

O sentido de voto assume grande importância em termos de responsabilização dos autarcas. Mesmo que estes integrem forças políticas que não façam parte da governação da freguesia ou do município, podem ter responsabilidades se tiverem votado favoravelmente propostas ilegais, lesivas do interesse público. Apenas assim não será se tiverem votado contra e se na ata da reunião constar o registo do voto de vencido (art. 58º, nº 3, da Lei nº 75/2013, de 15 de setembro).

Nos órgãos executivos (junta de freguesia e câmara municipal), a ordem de trabalhos é constituída normalmente por numerosos pontos. Os pontos pacíficos são rapidamente objeto de deliberação, muitas vezes por consenso, sem haver propriamente uma votação de braço no ar. Já no que respeita aos órgãos deliberativos, atendendo ao número mais elevado de membros, existem votações formais, registando-se o número de votos a favor, contra e abstenções, ou, então, o sentido de voto das diversas bancadas.

10. AS DECLARAÇÕES DE VOTO

Na prática das assembleias constitui um direito de qualquer membro emitir uma declaração de voto, ou seja, enunciar as razões pelas quais se votou de determinada forma.

O Código do Procedimento Administrativo refere-se à declaração de voto, mas apenas para especificar que a sua emissão isenta de responsabilidade os que ficaram vencidos na votação (art. 35º, nº 2).

No entanto, é pacífico que a declaração de voto pode ser proferida em qualquer assembleia, ficando registada na ata. Já não será assim se o escrutínio tiver sido secreto; em tal hipótese, a declaração de voto quebraria o sigilo que se pretende.

Por vezes, aproveita-se a declaração de voto para proferir nova intervenção sobre a matéria deliberada, o que não é correto. Caricato é o proponente de uma proposta que foi aprovada apresentar uma declaração de voto, como ocorre com inucitada frequência.

Também não se justifica (embora seja um direito) proferir uma declaração de voto quando se adere sem reservas a uma proposta que se vota favoravelmente.

Junta-se, no final, declaração de voto, como **doc. 9**.

11. OS PROTESTOS

Não se cingem às votações, pois podem ocorrer no decurso da assembleia, em qualquer momento.

Pelo protesto, o participante efetua uma declaração formal, para que conste da ata, no qual expressa a sua discordância sobre algo de ocorreu na reunião, designadamente sobre a condução dos trabalhos.

Junta-se, no final, declaração de protesto, como **doc. 10**.

Capítulo XIII
A Ata

1. CONCEITO DE ATA

A ata é um documento, lavrado no final da assembleia, onde constam as deliberações tomadas. Apenas as deliberações? Não. O art. 34º, nº 1, do Código do Procedimento Administrativo enuncia os requisitos da ata, que podemos considerar aplicáveis a todo o tipo de assembleias:

> "1. De cada reunião é lavrada ata, que contém um resumo de tudo o que nela tenha ocorrido e seja relevante para o conhecimento e a apreciação da legalidade das deliberações tomadas, designadamente a data e o local da reunião, a ordem do dia, os membros presentes, os assuntos apreciados, as deliberações tomadas, a forma e o resultado das respetivas votações e as decisões do presidente".

Os requisitos enunciados são os suficientes para que estejamos em presença de uma ata completa.

Assim, temos:

ATA
- Data e local da reunião
- Membros presentes
- Condução dos trabalhos
- Assuntos apreciados
- Deliberações tomadas
- Forma e resultado das votações
- Decisões do presidente

Já temos visto atas enormes, destinadas a deixar para a posteridade as minúcias e "miudezas" da assembleia, com transcrições de intervenções, quase sempre inflamadas na oratória e destituídas de interesse quando reduzidas a escrito. Também já temos escutado as justificações para tais pormenorizações. Quem defende atas extensas, quer ter a possibilidade de, volvidos alguns anos, poder dizer, ufanamente: "*Eu tinha razão! Há dez anos declarei na assembleia ...*".

Ora, o que interessa é que constem na ata os elementos enunciados, sendo o resto "palha".

Elaborar longas atas, além de originar trabalho ingrato e improdutivo, faz desviar energias que se podiam concentrar em algo de mais útil. Por outro lado, em assembleias mais importantes sempre é possível proceder ao registo de gravação, sem necessidade de transcrição em papel das intervenções efetuadas pelos oradores.

Junta-se, no final, exemplo de ata, como **doc. 11**.

2. FINALIDADE

As palavras leva-os o vento. As próprias deliberações, se não forem registadas em documento, tendem a diluir-se. Ao fim de algum tempo, já ninguém sabe bem o que aprovou e de que forma.

Por essa razão, as deliberações tomadas só se tornam eficazes (só produzem efeitos concretos) depois de aprovadas as respetivas atas.

Da mesma forma, a decisão individual tomada por um responsável de uma entidade pública, relativamente a uma pretensão de um cidadão, consta de um despacho escrito e fundamentado.

No caso dos órgãos colegiais, é a ata que consubstancia as deliberações tomadas, delimitando-as. Por isso, quando algum membro da assembleia pretende pôr em causa, impugnar, uma deliberação, pede certidão da ata, para poder exercer os seus direitos.

3. QUEM AS ELABORA

A ata é elaborada pela mesa, sendo a responsabilidade normalmente atribuída a um dos secretários, uma vez que o presidente está concentrado na condução da assembleia. Assim, à medida que a assembleia decorre, o secretário incumbido da elaboração da tarefa vai tomando apontamentos, elaborando o projeto de ata.

Com a utilização da informática, é possível, sem grande esforço, elaborar a ata de forma quase definitiva e de modo a que a mesma seja votada no final da assembleia (em vez de a releger para a sessão seguinte). Em determinada assembleia de freguesia na área metropolitana do Porto, finda a assembleia, o presidente "leu" uma ata inexistente, ou seja, conseguiu proferir uma intervenção resumindo o que de essencial se passou na assembleia, incluindo o número de votos a favor e votos contra na aprovação das propostas, como se houvesse ata. O grande problema foi que, depois de aprovada essa ata inexistente, teve grande dificuldade em a elaborar...

Em algumas assembleias, a ata é elaborada por funcionários da entidade (pública ou privada) a que diz respeito. Por exemplo, nas assembleias municipais, face à existência de um gabinete de apoio aos órgãos autárquicos, é designado um funcionário para a sua elaboração.

4. CUIDADOS A TER

A ata deve ser escrita em linguagem simples e clara. Deve ser escrita sem abreviaturas, com os números e as datas por extenso.

O objetivo é evitar a sua adulteração. Trata-se de um documento de fundamental importância.

5. A MINUTA DE ATA

> "Nos casos em que o órgão assim o delibere, a ata é aprovada, logo na reunião a que diga respeito, em minuta sintética, devendo depois ser transcrita com maior concretização e novamente submetida a aprovação" (art. 34.º, n.º 1, do Código do Procedimento Administrativo).

O órgão colegial ou a assembleia são soberanos. Se a elaboração da ata revestir complexidade, que exija um trabalho que não se esgota no decurso da reunião, a solução será aprovar a minuta da ata, sintética, deixando a aprovação da ata para um momento posterior. O que sucede é que não raras vezes esse momento posterior passa para muito tempo depois, para as calendas, pois o que não se faz logo custa mais a fazer depois. Por isso, aconselhamos a elaboração imediata da ata e a sua aprovação no final da assembleia, ainda que, por vezes, possa existir um compasso de espera.

6. APROVAÇÃO DA ATA

Como regra, a ata é submetida a aprovação formal pelo próprio órgão. É a aprovação direta.

Deve-se dar a oportunidade aos participantes de formularem sugestões de alteração ou correção da ata.

Quem não tenha estado presente na assembleia ou reunião não deve participar na aprovação da ata. O art. 34.º, n.º 3, do Código do Procedimento Administrativo contém essa norma para os membros de órgãos colegiais, que entendemos ser aplicável a todas as assembleias, uma vez que a ata diz respeito a uma reunião concreta, só podendo pronunciar-se sobre o seu conteúdo quem a ela assistiu. No caso de entidades públicas, o Código do Procedimento Administrativo assim o exige.

Quanto ao setor privado, sucede muitas vezes que, tendo a assembleia terminado a altas horas da noite e estando os membros desejosos de se retirar, sem que a ata esteja elaborada, alguém clama: "Damos um voto de confiança à mesa para aprovar a ata". Antes mesmo de o assunto ser ponderado, já os participantes iniciaram a sua marcha de saída, parecendo que estão a dar um voto tácito de confiança. Trata-se da aprovação indireta.

No entanto, deve haver uma votação formal e não tácita (diz-se tácita quando "se deduz de factos que, com toda a probabilidade, a revelam", conforme art. 217º do Código Civil).

Repetimos, é preferível a aprovação da ata ter lugar no final da assembleia, em vez de o ser no princípio da seguinte. Muitas vezes, dista um grande período em relação à assembleia seguinte, não havendo já memória fresca do que se passou na anterior.

7. ONDE É LAVRADA A ATA

As atas podem ser lavradas em folhas soltas. Trata-se de uma forma prática, pois deste modo consegue-se imprimi-las (o que não sucedia quando tinham obrigatoriamente de ser manuscritas em livro próprio, de atas).

Importa, no entanto que as folhas estejam numeradas e rubricadas pelo presidente, havendo um termo de abertura e encerramento. As folhas devem estar conservadas de forma a evitar extravios.

8. A ASSINATURA DA ATA

8.1. Associações

Uma vez aprovada, a ata é assinada pelos membros da mesa (primeiro o presidente depois os secretários).

8.2. Assembleia dos condóminos

Nos condomínios, o livro de atas está em poder do administrador. Efetuada a assembleia, a ata é lavrada pelo mesmo, sendo assinada depois pelos condóminos presentes.

Quanto aos ausentes, são enviadas cartas registadas comunicando as deliberações tomadas. A prova do tal envio deve ficar documentada em pasta própria, pela sua relevância.

8.3. Sociedades comerciais

As atas das assembleias gerais das sociedades por quotas devem ser assinadas por todos os sócios que participaram na assembleia (art. 248º CSC). Nas anónimas, as atas devem ser redigidas e assinadas por quem nelas tenha servido como presidente e secretário. Temos visto assinaturas dos acionistas em atas de assembleia geral; o procedimento não é o mais correto, pois os acionistas assinam apenas a folha de presenças.

8.4. Entidades públicas

Os arts. 34º e 35º CPA regulam a matéria das atas dos órgãos colegiais, já referida na parte inicial deste capítulo.

8.5. Órgãos autárquicos

Nos órgãos executivos das autarquias as atas são assinadas pelos membros da junta de freguesia e pelos membros da câmara municipal.

Já no que respeita aos órgão deliberativos (assembleia de freguesia e assembleia municipal), quem as assina são o presidente e os dois secretários.

9. A RETIFICAÇÃO DA ATA

Poderá suceder que, após a assinatura da ata, se detete a necessidade de proceder a uma alteração. Só são admissíveis retificações de erros materiais ou, aquilo a que na linguagem corrente, se denomina "enganos". Já não é admissível alterar o conteúdo da ata, fazendo constar algo que não corresponde à realidade.

Se a alteração for efetuada sem que corresponda ao que realmente ocorreu, estamos perante uma situação de falsidade, tal como sucede, aliás, se a ata primitiva não consubstanciar o ocorrido.

A retificação da ata tem lugar na folha seguinte, sendo encimada pela expressão:

"RETIFICAÇÃO À ATA..."

10. A CERTIDÃO DA ATA

Requerida por qualquer interessado certidão da ata, a mesma deve ser emitida.

Muitas vezes, a certidão é requerida oralmente, no final da assembleia. Se for esse o caso, o pedido deve constar da própria ata. Outras vezes, a certidão é pedida em requerimento autónomo.

O requerimento a solicitar a certidão deve conter a indicação do requerente e a indicação do fim a que se destina a certidão. A certidão deve declarar a conformidade com o original e indicar o número de folhas, tendo um custo (taxa).

11. FORÇA PROBATÓRIA DA ATA

Depois de aprovada e assinada, a ata tem força probatória.

Como refere o acórdão da Relação de Lisboa de 17/2/1998,

> "I – A ata de uma assembleia geral como documento particular tem a força probatória que a lei dá a esta espécie de documentos.
>
> II – Desde que não seja arguida de falsa, depois de lida e aprovada, faz fé quanto ao seu conteúdo".

Os factos constantes da ata podem ser impugnados, designadamente através de prova testemunhal, devendo arguir-se a falsidade da ata.

Capítulo XIV
Encerramento dos Trabalhos

1. ENCERRAMENTO

Esgotada a ordem de trabalhos para a qual a assembleia foi convocada e aprovada a ata, a assembleia é encerrada.

A mesa tem de assumir a guarda dos documentos que serviram de base à discussão, como sejam as moções e as propostas, convertidas em deliberações ou rejeitas pela assembleia.

Roque Laia, na obra citada, socorreu-se da experiência para recomendar a guarda dos papéis:

> "Tenho visto em muitas reuniões de assembleia, finda a sessão, guardar de qualquer forma os papéis que estavam sobre a mesa, metendo-os dentro do livro das atas, do das presenças ou de outros, onde mais tarde ninguém se lembra de os procurar, donde se extraviam com facilidade.
>
> Todos os documentos relativos a cada sessão da assembleia geral devem ser arquivados numa pasta que deverá conter a indicação da data da sessão, sendo essas pastas reunidas, no fim de cada ano, numa só; nelas, os documentos referentes às várias sessões são separados, uns dos outros, por uma folha de papel que contém a data de cada sessão, levando a pasta que os contém a indicação de cada ano" (pág. 426).

Hoje, com a informática, consegue-se guardar parte considerável dos documentos em ficheiros.

Pode suceder que a assembleia termine sem se ter esgotado a ordem de trabalhos. Na convocatória, fica definido o início mas não o termo da assembleia. Mas há limites objetivos.

Tradicionalmente, as assembleias não se prolongam para além da meia noite. Porquê? Pelo facto de terem sido convocadas para se realizar num determinado dia, terminando às 24 h (meia noite) o dia designado para a convocação.

Por outro lado, os presentes entregam-se aos braços de Morfeu.

2. PRORROGAÇÃO

Se faltar muito pouco tempo para os trabalhos terminarem, o presidente tem a possibilidade de prorrogar os trabalhos por mais algum tempo, o suficiente para os trabalhos findarem com alguma brevidade. Mas se o presidente prevê que os trabalhos não vão terminar assim com tanta brevidade, deve colocar à assembleia a questão da suspensão dos trabalhos e sua continuação em outra data.

Aí, poderá algum elemento da assembleia apresentar um requerimento, para que os trabalhos continuem até terminar a ordem de trabalhos. Como o requerimento tem prioridade, é submetido imediatamente à votação.

Aproximando-se a meia noite, se algum orador estiver no uso da palavra continuará até final da intervenção e só depois se colocará a questão da suspensão dos trabalhos ou sua prorrogação.

Há também outra situação em que os trabalhos da assembleia continuam, para além da meia noite. É o caso da contagem de votos, numa assembleia eleitoral. Chegará o tempo em que os votos serão eletrónicos e perder-se-á a ansiedade e a expetativa que acompanha a contagem de votos nas associações com muitos sócios.

3. A SESSÃO. DIFERENÇA ENTRE REUNIÃO E SESSÃO

Há uma diferença conceptual entre reunião e sessão, que não é fácil de apreender.

Em abstrato, a assembleia existe sempre, pois é um órgão com poderes de deliberação. No entanto, só está em verdadeira atividade quando se reúne, mediante convocatória regularmente efetuada.

A ordem de trabalhos definida para a reunião teve em consideração a duração previsível, em função da experiência de quem pede a convocação e de quem a convoca. Em princípio, bastará uma sessão. Se os trabalhos não terminarem em tal sessão e forem suspensos, não é necessária a convocação formal para uma nova reunião. Em tal hipótese, o presidente marca o dia da sessão seguinte que, sendo continuação da assembleia, dela faz parte.

A reunião da assembleia pode ter, assim, mais do que uma sessão.

Por vezes, em vez de os trabalhos serem suspensos, é dada por finda a assembleia e convocada outra, para deliberação sobre os pontos que não ficaram concluídos. Nesta hipótese, é necessária a convocação formal da nova assembleia.

Há implicações práticas da adoção de um ou outro método, designadamente quando há lugar a pagamentos (senhas de presença) pela participação na assembleia. No primeiro caso (suspensão dos trabalhos), só haverá lugar a um pagamento, pois se tratou de apenas uma assembleia, enquanto no segundo (nova assembleia) haverá tantos pagamentos quantas as assembleias que se realizarem. Estamos a referir-nos, obviamente, às assembleias autárquicas, em que há lugar a pagamentos de senhas de presença.

Capítulo XV
Publicidade das Deliberações

Transcritas em ata, as deliberações tornam-se eficazes, produzem efeitos, com a assinatura da ata. Esta é a regra geral. Mas, em alguns casos não chega, pois têm ainda de ser publicitadas.

1. ASSOCIAÇÕES

Nas associações, ao proclamar o resultado da votação, quer das moções quer das propostas, o presidente da mesa está a publicitar a deliberação, sendo a elaboração, aprovação e assinatura da ata um procedimento subsequente. Não é necessária a publicação das deliberações.

No entanto, tal como o aviso convocatório foi afixado na sede da associação, também as deliberações devem ser objeto de informação aos associados, por igual forma. Havendo um boletim informativo ou um jornal da associação, deve ser inserida a informação correspondente.

2. ASSEMBLEIA DOS CONDÓMINOS

As deliberações são comunicadas aos condóminos ausentes, não sendo necessária qualquer outra publicitação.

3. SOCIEDADES COMERCIAIS

As deliberações das assembleias gerais das sociedades comerciais relativas a factos sujeitos a registo comercial devem ser publicitadas no site do Ministério da Justiça https://publicacoes.mj.pt. É a própria Conservatória do Registo Comercial, incumbida da tramitação do registo, que procede à publicação.

4. ADMINISTRAÇÃO PÚBLICA

As deliberações tomadas pelos órgãos colegiais destinadas a produzir efeitos num caso concreto e numa situação individual devem ser notificadas ao interessado ou interessados, na forma prevista na lei, nos termos da Constituição da República Portuguesa e do Código do Procedimento Administrativo.

A matéria é objeto de desenvolvimento nos arts. 110º e seguintes do Código do Procedimento Administrativo, que regulam as notificações.

5. ÓRGÃOS AUTÁRQUICOS

As deliberações dos órgãos das autarquias locais devem ser objeto de publicitação em edital afixado nos lugares de estilo durante cinco dos dez dias subsequentes à tomada da deliberação (art. 56º, nº 1, da Lei nº 75/2013, de 12 de setembro). Face à redação da lei, os editais devem ser afixados até ao quinto dia subsequente à deliberação (prazo contínuo).

O edital limita-se a indicar a deliberação, sem especificar quem elaborou a proposta ou quem votou a favor ou contra. Referirá, por exemplo, "Deliberado por unanimidade..." ou "Deliberado por maioria...".

As deliberações deverão ser ainda publicadas: no sítio da internet da autarquia, no boletim da autarquia e nos jornais regionais editados ou distribuídos na área da respetiva autarquia, nos 30 dias subsequentes à sua prática. No entanto, para que seja obrigatória a publicação nos jornais regionais, é essencial que cumpram os requisitos referidos no art. 56º, nº 2, da referida lei, designadamente que sejam portugueses, de informação geral, tenham uma periodicidade não superior à quinzenal, tenham uma tiragem média mínima por edição não inferior a 1 500 exemplares nos últimos seis meses e, finalmente, que não sejam distribuídos a título gratuito.

Algumas moções aprovadas em assembleias municipais indicam expressamente o envio para a comunicação social. Se, porventura, indicarem a publicação em determinados jornais, terá de ser o órgão executivo a deliberar se a publicação será ou não feita, na medida em que implica uma despesa.

PARTE III

COMO REAGIR PERANTE DELIBERAÇÕES ILEGAIS?

Capítulo XVI

Suspensão das Deliberações Sociais e Ações em Tribunal

1. NOÇÕES GERAIS

A assembleia geral pode tomar deliberações que sejam ilícitas ou ilegais (na linguagem corrente). Dizem-se ilícitas por contrariarem a lei.

A ilicitude pode resultar dos mais variados motivos: a assembleia não foi regularmente convocada, não teve quórum de funcionamento ou não houve quórum deliberativo, aprovou uma atividade proibida por lei, não tinha competência para se pronunciar sobre as matérias em causa, ocorreu violação dos estatutos...

EXEMPLOS

a) Irregularidade na convocatória

O art. 174.º, n.º 1, do Código Civil preceitua que a assembleia geral das associações é convocada com a antecedência mínima de oito dias.

Se se pretende realizar a assembleia para o dia 9 de setembro, temos de concluir que a convocatória deve ser expedida a 1 de setembro, para se cumprir a antecedência. Suponhamos que os estatutos de determinada associação alargam o prazo de convocação para quinze dias. Será válida a cláusula estatutária? Sim, pois a lei consigna uma antecedência mínima, podendo os associados, no ato constitutivo, convencionar um prazo mais alargado. O que já não poderiam fazer era estipular um prazo mais curto, pois aí estariam a contrariar a lei.

Se o presidente da assembleia geral da associação tiver efetuado a convocatória com a antecedência de cinco dias, as deliberações tomadas na assembleia estão feridas de ilicitude.

b) Ausência de quórum de funcionamento

Nos termos do art. 1423º do Código Civil, se não comparecer o número de condóminos exigido para a tomada de deliberações (maioria dos votos representativos do capital social), a reunião não poderá ter lugar, sendo realizada em nova data. Suponhamos que na assembleia de condóminos apenas estão presentes condóminos representando um terço do capital investido. Apesar da falta de quórum, os condóminos presentes deliberaram realizar a assembleia, com o argumento de que "todos foram convocados e quem não se interessa pelas coisas do prédio não merece que se esteja a adiar a assembleia".

As deliberações tomadas em tal assembleia sem quórum são ilícitas, pois não respeitaram o quórum de funcionamento e o quórum deliberativo.

c) Atividade proibida por lei

A assembleia geral de uma sociedade por quotas deliberou ampliar o âmbito da atividade exercida, alterando o objeto social para contrabando de tabaco e bebidas alcoólicas. Fundamento: o défice registado nos últimos exercícios. É certo que o Código das Sociedades Comerciais atribui aos sócios da sociedade comercial a faculdade de "deliberar sobre as atividades comerciais que a sociedade efetivamente exercerá" (art. 11º, nº 3, CSC); porém, as sociedades só podem exercer as atividades permitidas por lei. Sendo assim, a deliberação da assembleia geral da sociedade por quotas é manifestamente ilícita, pela própria definição de contrabando: compra e venda de mercadorias, vindas de outro país, sem pagamento de direitos alfandegários.

d) Falta de competência

A assembleia municipal de determinado concelho deliberou atribuir denominações toponímicas para ruas de uma localidade. Poderia fazê-lo? Não, pois de acordo com o art. 33º, nº 1, al. ss), da Lei nº 75/2015, de 12 de setembro, incumbe à câmara municipal estabelecer a denominação das ruas e praças das localidades e das povoações, após parecer da correspondente junta de freguesia. Não tendo a assembleia competência para deliberar sobre tal matéria, conclui-se que a referida atribuição é ilícita.

1.2. Impugnação

Genericamente, denomina-se impugnação a atuação do interessado que, reagindo contra deliberações ilícitas, visa destrui-las, atacando-as nos tribunais.

Quando o sócio manifesta a sua discordância na assembleia, diz "não concordo"; quando ameaça recorrer aos tribunais, clama "vou impugnar". Todos percebem que não se conformou e vai recorrer à via judicial.

Depois de uma noite agitada, e alguns dias de reflexão, o propósito inicial de impugnação tende a diluir-se, perdendo força. Ou, então, mantém-se, o que significa a preparação do processo judicial. Muitas vezes, não é fácil saber se há defesa de princípios ou apenas teimosia, espírito de vingança.

1.3. Nulidade e anulabilidade

Ilicitude { Nulidade / Anulabilidade }

Importa distinguir a nulidade da anulabilidade. São conceitos jurídicos diferentes, que têm grande influência na impugnação judicial. Nos exemplos acima citados, há casos de anulabilidade e um caso de nulidade.

A nulidade é o vício mais grave de uma deliberação. A deliberação é nula quando assembleia não tinha qualquer competência para o efeito, o objeto da deliberação seja física ou legalmente impossível, contrário à ordem pública ou ofensivo dos bons costumes (art. 280º da Código Civil). Nos exemplos anteriores, a deliberação da sociedade por quotas alargando o objeto social para o contrabando (legalmente impossível) bem como a deliberação da assembleia municipal de atribuição de denominações de ruas (incumbência da câmara municipal) são claramente nulas.

A nulidade é invocável a todo o tempo por qualquer interessado (art. 286º do Código Civil).

A anulabilidade é um vício menos grave. O ato é ilícito, mas se não for atacado dentro de determinado prazo, cessam os efeitos da ilicitude. A impugnação só poderá ser efetuada pela pessoa em cujo interesse a lei a estabelece (art. 287º do Código Civil).

Nos exemplos citados, a ilegalidade da convocatória e a ausência de quórum são casos de anulabilidade; se as deliberações não forem objeto de impugnação dentro de determinado período de tempo, cessam os vícios, tornando-se válidas as deliberações.

"O vício de uma deliberação tomada em assembleia processada com infração do quórum constitutivo cai na área da anulabilidade" (acórdão do Supremo Tribunal de Justiça, de 5/12/2000).

1.4. Ineficácia

Diferente da nulidade e da anulabilidade é a ineficácia. Aqui, a deliberação não é ilícita, mas só produz efeitos depois de estar preenchida a condição necessária. Por exemplo, na assembleia geral de uma associação é tomada uma deliberação elevando o valor da quota mensal.

A deliberação em causa é válida e lícita, mas enquanto não for transcrita em ata devidamente assinada, não produz efeitos, continuando a vigorar a anterior quota.

1.5. Ação declarativa e procedimento cautelar de suspensão das deliberações

Tomada a decisão de impugnar a deliberação e verificado o fundamento legal para o fazer, deparam-se dois caminhos: o "normal", que consiste em recorrer a tribunal e pedir a anulação da deliberação ou pedir a declaração de nulidade da mesma. Este caminho é utilizado através da propositura de uma ação judicial que se chama declarativa, por se pedir ao tribunal que profira uma sentença que vai produzir uma modificação na ordem jurídica. A sentença irá demorar, pois terá de haver uma citação (ato pelo qual se chama alguém a juízo), e haverá certamente contestação, produção de meios de prova em audiência final (julgamento), enfim, a tramitação inerente a uma ação judicial.

A ação demorará previsivelmente não menos de um ano, na melhor das hipóteses, dependendo muito da acumulação de serviço no tribunal. Quando for proferida sentença, possivelmente já não terá sentido útil, consumando-se os efeitos da deliberação e abrindo-se, quando muito, a via indemnizatória para efeitos de compensação pelos prejuízos sofridos.

Para obviar os efeitos de tal demora, o legislador previu a possibilidade de se recorrer a um procedimento cautelar (processo urgente), em que se pede ao tribunal que profira uma medida provisória, que suspenda os efeitos da deliberação.

O pedido de suspensão da deliberação é apreciado pelo tribunal com caráter de urgência, mas apenas pode ser formulado se estiverem preenchidos certos requisitos. Caso contrário, este processo urgente seria utilizado indistintamente, e não apenas em situações excecionais, acabando por se tornar a regra e não a exceção.

Claro que o impugnante, tomada que está a decisão de recorrer a tribunal, procura usar a via do procedimento cautelar, sempre que tal lhe é permitido, não só para conseguir um resultado rápido como também para evitar a inutilização prática do seu direito pelo decurso do tempo. De nada serve obter uma "vitória de Pirro" ...

Vitória pírrica ou vitória de Pirro é uma expressão utilizada para se referir a uma vitória obtida a alto preço, potencialmente acarretadora de prejuízos irreparáveis. Como se lê na Wikipédia, "a expressão recebeu o nome do rei Pirro do Épiro, cujo exército havia sofrido perdas irreparáveis após derrotar os romanos na Batalha de Heracleia, em 280 A.C., e na Batalha de Ásculo, em 279 A.C., durante a Guerra Pírrica. Após a segunda batalha, Plutarco apresenta um relato feito por Dioniso de Halicarnasso:

> "Os exércitos se separaram; e, diz-se, Pirro teria respondido a um indivíduo que lhe demonstrou alegria pela vitória que "uma outra vitória como esta o arruinaria completamente". Pois ele havia perdido uma parte enorme das forças que trouxera consigo, e quase todos os seus amigos íntimos e principais comandantes; não havia outros homens para formar novos recrutas, e encontrou seus aliados na Itália recuando. Por outro lado, como que numa fonte constantemente fluindo para fora da cidade, o acampamento romano era preenchido rápida e abundantemente por novos recrutas, todos sem deixar sua coragem ser abatida pela perda que sofreram, mas sim extraindo de sua própria ira nova força e resolução para seguir adiante com a guerra."

Esta expressão não se utiliza apenas em contexto militar, mas também está, por analogia, ligada a atividades como economia, política, justiça, literatura, arte e desporto para descrever luta similar, prejudicial ao vencedor".

2. ASSOCIAÇÕES

Art. 177º do Código Civil (Deliberações contrárias à lei ou aos estatutos):

> "As deliberações da assembleia geral contrárias à lei ou aos estatutos, seja pelo seu objeto, seja por virtude de irregularidades havidas nas convocação dos associados ou no funcionamento da assembleia, são anuláveis".

Art. 178º (Regime da anulabilidade)

> "1. A anulabilidade prevista nos artigos anteriores pode ser arguida, dentro do prazo de seis meses, pelo órgão da administração ou por qualquer associado que não tenha votado a deliberação.
>
> 2. Tratando-se de associado que não foi convocado regularmente para a reunião da assembleia, o prazo só começa a correr a partir da data em que ele teve conhecimento da deliberação".

Pela sua redação, o art. 177º do Código Civil levaria a pensar que todas as deliberações contrárias à lei ou aos estatutos são anuláveis, não havendo deliberações nulas.

Já vimos que não é assim. Se a deliberação estiver inquinada de um vício que a lei sanciona como nulidade, ela é nula e não anulável.

Regra geral → anulável
Excepção → nulidade

Como saber então se a deliberação ilícita é nula ou anulável? Como regra, é anulável. Só se a lei cominar a nulidade, é que ela é nula.

Ao analisarmos a deliberação, teremos de verificar se, de facto, viola a lei ou os estatutos.

Aqui, importa apurar se existe um vício de natureza formal, como a irregularidade da convocatória ou a inexistência de quórum, ou um vício que poderemos dizer material, que consiste na violação de norma legal ou estatutária.

Uma vez verificado o vício, vamos determinar a legitimidade para impugnar. Ela é conferida ao órgão de administração (direção da associação) ou qualquer associado que não tenha votado a deliberação. Uma correção; não é bem a "qualquer associado que não tenha votado a deliberação", mas sim que não tenha votado favoravelmente a deliberação. Seria absurdo que a legitimidade fosse conferida apenas a quem não tivesse exercido o direito de voto, como uma interpretação literal da norma levaria a pensar. Não, é que não tenha votado a favor. Pode ter votado contra, pode-se ter abstido ou pode até não ter votado. O acórdão do Supremo Tribunal de Justiça de 5/06/1985 confirmou este entendimento:

> *"Face ao disposto no nº 1 deste artigo, deve entender-se que o direito de arguição da anulabilidade só é vedado a quem votou favoravelmente a deliberação".*

É de toda a conveniência que, quem encare a possibilidade de impugnar a deliberação, efetue uma declaração de voto (oral ou escrita), de modo a que fiquem a constar não apenas as razões que o levaram a votar contra como, sobretudo, fique a prova de que não votou favoravelmente, para que seja cumprido o requisito da legitimidade.

Falta agora ver a questão do tempo para exercer o direito. A impugnação terá de ser exercida no prazo de seis meses, a contar da deliberação, sob pena de o vício ficar sanado. No entanto, se o associado não esteve presente, o prazo de seis meses conta-se a partir da data em que demonstre ter tido conhecimento da deliberação. Pelo sim pelo não, é preferível, na contagem do prazo, o impugnante contar os seis meses a partir da data da assembleia.

2.1. Suspensão das deliberações

Vejamos agora a possibilidade de instaurar um procedimento cautelar, de suspensão da deliberação, enquanto a mesma não é anulada. Já vimos que a ação declarativa de anulação pode demorar muito tempo, perdendo-se eventualmente o efeito útil se não for decretada a suspensão pelo tribunal.

Os arts. 380º e seguintes do CPC (Código de Processo Civil) regulam a propositura e tramitação do procedimento cautelar de suspensão das deliberações sociais.

Arts. 380º – Pressupostos e formalidades

> "1. Se alguma associação ou sociedade, seja qual for a sua espécie, tomar deliliberações contrárias à lei, aos estatutos ou ao contrato, qualquer sócio pode requerer, no prazo de dez dias, que a execução dessas deliberações seja suspensa, justificando a qualidade de sócio e mostrando que essa execução pode causar dano apreciável.
>
> 2. O sócio instrui o requerimento com cópia da ata em que as deliberações foram tomadas e que a direção deve fornecer ao requerente dentro de vinte e quatro horas; quando a lei dispense reunião da assembleia, a cópia da ata é substituída por documento comprovativo da deliberação.
>
> 3. O prazo fixado para o requerimento da suspensão conta-se da data da assembleia em que as deliberações foram tomadas ou, se o requerente não tiver sido regularmente convocado para a assembleia, da data em que ele teve conhecimento das deliberações".

Verificamos tratar-se de um prazo muito curto para requerer esta providência cautelar de suspensão das deliberações: apenas 10 dias (prazo contínuo). De notar que, que por razões alheias ao sócio, a ata pode não ser facultada no prazo de vinte e quatro horas.

EXEMPLO

O Tribunal da Relação de Lisboa apreciou a situação que se transcreve:

"Mário, residente em Azeitão, deduziu procedimento cautelar de suspensão de deliberação social contra a Associação x, com sede em Lisboa, e contra FJ e FA, ambos residentes em Alpiarça, pedindo a suspensão das deliberações tomadas em assembleia geral de associados da associação, realizada em 23/12/2011, alegando em síntese:

- É associado, fundador e Presidente da Direção da 1ª Requerida, associação sem fins lucrativos e tendo por objeto apoio educativo a crianças e jovens, apoio à família, educação e formação profissional dos cidadãos e proteção dos cidadãos na velhice e invalidez;
- O 2º Requerido, invocando a qualidade de presidente da assembleia geral da Associação, convocou ilegalmente, a pedido do 3º Requerido, seu filho, uma assembleia geral para 23/12/2011, com o intuito de nomear nova direção, admitir novos associados e revogar as deliberações tomadas na assembleia geral de 01/09/2010, na qual, aliás, foi designado presidente da assembleia geral;
- A convocação da assembleia geral de 23/2/2011 é nula ou inexistente porque é à Direção que cabe convocar as assembleias gerais e essa assembleia geral foi convocada com o intuito de os 2ºs e 3º Requeridos obterem para si e para a sua família uma vantagem que é ilícita, designadamente obter o comando da 1ª Requerida para a exaurirem financeiramente;

- O Requerente, juntamente com o secretário da mesa da assembleia geral, compareceu no local para ambos participarem na assembleia geral ilicitamente convocada, tendo os Requeridos impedido o secretário da mesa de participar na assembleia – facto que gera a nulidade da mesma – a qual se realizou com a presença dos 2º e 3º Requeridos e do Requerente, sendo que o 2º Requerido participou na votação, invocando a qualidade de associado, que não detém;

Com o intuito de se apoderarem do controlo da direção, os 2º e 3ºs Requeridos aprovaram várias deliberações, entre os quais novos membros dos órgãos sociais para o quadriénio 2011/2014 (quando já havia designação anterior na assembleia de 01/09/2010);

Por não corresponder à verdade o que constava da ata a respeito do que havia sido declarado pelo Requerente, foi chamada a intervir a força policial, e vieram a ser feitas alterações à ata quanto às declarações do Requerente e, por fim, o 2º Requerido expulsou o Requerente das instalações;

O objetivo dos 2º e 3ºs Requeridos, com a realização da assembleia geral, foi designar uma nova direção, removendo o requerente da mesma, e obter uma ata para com ela se dirigirem aos bancos onde pretendem remover o dinheiro da Associação.

O Requerente considerou que "as deliberações tomadas na assembleia geral são nulas, ou inexistentes, por contrariarem os estatutos e a lei, pelo que são anuláveis, o que de imediato se irá requerer em sede de ação judicial apropriada".

Exposto o caso, deixemos agora várias notas práticas.

O associado requereu a providência para suspender os efeitos das deliberações e não para as anular.

Refere-se que a força policial foi chamada a intervir, pelo facto de a ata não corresponder à verdade, designadamente não refletir as declarações formuladas pelo Requerente. Compareceu e, graças à sua presença, a ata foi alterada. No entanto, a força policial não tinha a obrigação de intervir, pois tratava-se de um conflito entre associados, em que não houve perturbação da ordem pública. Seria diferente se tivesse havido agressões, ou seja a prática de crime de ofensas corporais.

Como decidiu o tribunal?

Na primeira instância, indeferiu a providência requerida com o fundamento de que o Requerente não tinha legitimidade, por ter estado presente na assembleia e ter votado as deliberações, ainda que o voto tivesse sido contra.

Nas alegações de recurso para o Tribunal da Relação de Lisboa, o Requerente declarou que lavrou na ata da assembleia geral um extenso protesto fundamentado, manifestando a vontade de impugnar as deliberações e de requerer a sua suspensão. Declarou que esse protesto "tem também a natureza de reserva consistente na declaração de um comportamento e não significa a renúncia a um direito próprio ou ao reconhecimento de um direito alheio, e os tribunais superiores têm admitido os protestos e reservas, ou a falta deles, como produtores de efeitos sobre as declarações negociais em sede de votação de deliberações".

O Tribunal da Relação revogou a sentença de primeira instância, concluindo:

"1. O procedimento cautelar de suspensão de deliberações sociais, a que alude o art. 396º do Código de Processo Civil, depende da verificação cumulativa dos seguintes requisitos: que o requerente tenha a qualidade de sócio da associação ou da sociedade que tomou a deliberação; que essa deliberação seja contrária à lei ou aos estatutos ou ao pacto social; e que a sua execução possa causar dano apreciável.

2. Só o sócio detentor de legitimidade substantiva para instaurar a ação principal de anulação da deliberação social terá a mesma legitimidade para pedir a suspensão da execução dessa deliberação;

3.O art. 178º, nº 1, do Código Civil confere o direito de arguição da anulabilidade da deliberação ao sócio que expressou o seu sentido de voto contrário a essa deliberação, ou seja, só o sócio que votou favoravelmente fica impedido de arguir a anulabilidade".

O requisito prejuízo (dano apreciável) tem de existir para o decretamento da providência; "no procedimento cautelar de suspensão das deliberações sociais, quanto ao direito invocado pelo requerente – ilegalidade das deliberações – o tribunal deve pautar a sua decisão por um juízo de simples probabilidade, mas quanto à verificação do dano –periculum in mora – terá que atuar de acordo com um juízo de certeza ou, pelo menos, de probabilidade muito forte" (acórdão do Supremo Tribunal de Justiça, de 11/01/2001).

De notar que, "ainda que a deliberação seja contrária à lei, aos estatutos ou ao contrato, o juiz pode deixar de suspendê-la, desde que o prejuízo resultante da suspensão seja superior ao que pode derivar da execução" (art. 381º, nº 2, do CPC).

Citada a associação, enquanto não for julgado em primeira instância o pedido de suspensão, não é lícito executar a deliberação impugnada. Por isso, quando prevê a entrada de um procedimento cautelar, a associação, ou mais propriamente, o grupo contrário a quem requer a providência, faz o possível para concretizar a deliberação tomada, pois uma vez citada deixa de a poder executar, até que seja proferida decisão em primeira instância.

A associação pode contestar, seguindo-se a produção de prova e julgamento.

Com a reforma do CPC de 2013, passou a ser possível ao requerente solicitar ao juiz que, na sentença que defira a providência, o dispense do ónus de propor a ação principal, desde que o juiz formule a convicção segura, pela prova existente no processo, sobre a existência do direito acautelado e desde que a providência decretada seja adequada a satisfazer a resolução definitiva do litígio (art. 369º do CPC). É a chamada inversão do contencioso, que permite a dispensa da ação de anulação.

2.2. Ação de anulação

Na ação de anulação, o autor terá, sobretudo, de alegar e provar que a deliberação impugnada é contrária à lei ou aos estatutos. Não é necessário provar aqui o dano, o prejuízo, embora a sua quantificação seja importante se, além do pedido de anulação, se formular algum pedido indemnizatório contra os que deram origem às deliberações impugnadas.

Se a ação de anulação for proposta depois de requerida a providência cautelar, esta é apensada à ação (denominada ação principal). Se a ação de anulação for proposta antes de requerida a providência, esta corre por apenso à ação de anulação (ação principal).

3. ASSEMBLEIA DOS CONDÓMINOS

Art. 1 433º do Código Civil

> "1. As deliberações da assembleia contrárias à lei ou a regulamentos anteriormente aprovados são anuláveis a requerimento de qualquer condómino que as não tenha aprovado.
>
> No prazo de 10 dias contado da deliberação para os condóminos presentes, ou contado da sua comunicação, para os condóminos ausentes, pode ser exigida ao administrador a convocação de uma assembleia extraordinária, a ter lugar no prazo de 20 dias, para revogação das deliberações inválidas ou ineficazes.
>
> 2. No prazo de 30 dias contado nos termos do número anterior, pode qualquer condómino sujeitar a deliberação a um centro de arbitragem.
>
> O direito de propor a ação de anulação caduca no prazo de 20 dias contado sobre a deliberação da assembleia extraordinária ou, caso esta não tenha sido solicitada, no prazo de 60 dias sobre a data da deliberação.
>
> Pode também ser requerida a suspensão das deliberações sociais no termos da lei de processo."

3.1. Regra geral: anulabilidade

A regra geral quanto às deliberações tomadas pela assembleia de condóminos contrárias à lei e aos regulamentos é o da anulabilidade das deliberações, tal como sucede com as deliberações tomadas nas associações.

Só haverá nulidade para os casos mais graves, de deliberações de objeto legalmente impossível ou, então, colisão direta com normas imperativas.

Nos restantes casos, a ação é de anulação das deliberações de condomínio, podendo haver, também, suspensão das deliberações, tal como sucede com as deliberações das associações e das sociedades (art. 383º CPC).

3.2. Meios de impugnação

Temos os seguintes meios de reação das deliberações da assembleia dos condóminos:

Ação de anulação – ação declarativa proposta contra todos os condóminos, os quais são representados pelo administrador do condomínio;

Suspensão das deliberações – procedimento cautelar requerido por qualquer condómino, tendo de provar o dano apreciável.

Centro de arbitragem – pedido feito por qualquer condómino a um centro de arbitragem.

O recurso ao centro de arbitragem constitui uma forma de resolução alternativa de litígios.

3.3. Prazos

Quanto aos prazos, temos:

a) Suspensão das deliberações (art. 383º CPC)

Os condóminos presentes na assembleia dispõem do prazo de 10 dias a contar da deliberação.

Os condóminos ausentes dispõem do prazo de 10 dias a contar da comunicação das deliberações.

O administrador do condomínio dispõe do prazo de 20 dias para proceder à convocação de uma assembleia destinada a revogar as deliberações inválidas.

b) Centro de arbitragem

Quer os condóminos presentes quer os ausentes podem sujeitar as deliberações a um centro de arbitragem, no prazo de 30 dias (a contar da assembleia, no caso dos condóminos presentes, ou da comunicação das deliberações por carta registada, no caso dos ausentes).

c) Ação de anulação

Tem de ser proposta no prazo de 20 dias a contar da deliberação da assembleia extraordinária para revogação das deliberações inválidas.

4. SOCIEDADES COMERCIAIS

As deliberações dos sócios das sociedades comerciais regem-se pela lei geral, pelo CSC (Código das Sociedades Comerciais), legislação conexa e pelos estatutos da sociedade.

4.1. Diferença entre invalidade, irregularidade e ineficácia

Em caso de violação da lei ou dos estatutos, as deliberações são, em princípios, inválidas. Poderão existir meras irregularidades, sem dignidade suficiente para tornar as deliberações inválidas, como é o caso de numa assembleia geral de aprovação de contas não estar presente nenhum administrador, não tendo os acionistas manifestado qualquer reserva com tal ocorrência (o que faz presumir que dispensaram a presença dos administradores).

4.2. Deliberações sociais nulas

Como regra, tal como sucede com as associações, as deliberações sociais inválidas são anuláveis e não nulas.

A nulidade apenas se aplica aos casos expressamente previstos no art. 56º, nº 1, do CSC:

a) Tomadas em assembleia geral não convocada, salvo se todos os sócios tiverem estado presentes ou representados;

b) Tomadas mediante voto escrito sem que todos os sócios com direito de voto tenham sido convidados a exercer esse direito, a não ser que todos tenham dado por escrito o seu voto;
c) Cujo conteúdo não esteja, por natureza, sujeito a deliberação dos sócios;
d) Cujo conteúdo, diretamente ou por atos de outros órgãos que determine ou permita, seja ofensivo dos bons costumes ou de preceitos legais que não possam ser derrogados, nem sequer por vontade unânime dos sócios.

Nulidades	Vícios de formação
	Vícios de conteúdo

Há como que duas espécies de nulidades: as resultantes de vícios de formação (caso das assembleias não convocadas, exceto se todos os sócios estiverem de acordo) e as nulidades resultantes de vícios de conteúdo. Exemplo destas últimas são as deliberações cujo conteúdo não esteja, por natureza, sujeito a deliberação dos sócios e as que são da competência de outros órgãos da sociedade.

Mesmo nos casos de nulidade, os terceiros de boa fé que adquiram direitos com fundamento em atos de execução das deliberações não são prejudicados (art. 61º, nº 2, do CSC).

4.3. Deliberações sociais anuláveis

As deliberações sociais anuláveis são aquelas que, infringindo normas imperativas legais ou dos estatutos, não estejam expressamente abrangidas pelo art. 56º atras transcrito, que enuncia os casos de nulidade. Ou seja, são as restantes.

Pereira de Almeida na sua obra "Sociedades Comerciais", refere que se podem reconduzir a três categorias distintas:

Anulabilidades	Violação de lei não enquadrável no art. 56º ou estatutos
	Deliberações abusivas
	Omissão de elementos mínimos de informação ou prestação de informações ou com maioria insuficiente

Exemplo da primeira categoria são as deliberações tomadas sem quórum ou com maioria insuficiente, quando a ordem de trabalhos não era suficientemente clara no que respeita aos assuntos.

Quanto à segunda categoria, deliberações abusivas, resulta de uma aplicação dos princípios do interesse social e da igualdade. Sob o ponto de vista formal, a deliberação é válida; no entanto, como viola o princípio da igualdade bem como o interesse social, o legislador considerou-a abusiva e, consequentemente, ferida do vício da anulabilidade.

Pode ocorrer numa das seguintes situações, previstas no art. 58º, nº 1, al. b) do CSC:

a) exercício do direito de voto pela maioria para obtenção de vantagens especiais para si ou para terceiros, em prejuízo da sociedade;
b) exercício do direito de voto pela maioria para obtenção de vantagens especiais para si ou para terceiros em prejuízo de outros sócios;
c) exercício do direito de voto pela maioria para causar prejuízo à sociedade ou aos outros sócios.

Estas disposições protegem os interesses dos sócios minoritários, impedindo que fiquem totalmente à mercê das maiorias, e também o interesse da própria sociedade.

Finalmente, a terceira categoria, falta de elementos mínimos de informações, está enunciada no art. 58º, nº 4, do CSC (menções exigidas para o aviso convocatório e disponibilidade para os sócios examinarem documentos no prazo legal ou contratual).

4.4. Propositura de ações

4.4.1. Prazos

A ação de declaração de nulidade da deliberação social pode ser proposta a todo o tempo por qualquer interessado ou pelo órgão de fiscalização.

O órgão de fiscalização (conselho fiscal nas sociedades anónimas e gerentes nas sociedades por quotas) tem a faculdade de propor a ação de anulação, mas já no que respeita à ação de declaração de nulidade tem também um dever, caso os sócios, avisados da nulidade, não renovarem a deliberação ou não tomarem a iniciativa de propor a ação de declaração de nulidade (art. 57º)

A ação de anulação está sujeita ao prazo de 30 dias, que se conta a partir da data em que a assembleia foi encerrada, do terceiro dia subsequente à data do envio da ata da deliberação por voto escrito ou da data em que o sócio teve conhecimento da deliberação, se esta recair sobre assunto que não constava da ordem de trabalhos.

Porquê um prazo tão curto (30 dias)? Porque vigora no nosso direito o princípio geral da estabilidade das deliberações. Uma deliberação pode dar sequência a outras em cadeia, uma vez que vai ser executada, pelo que importa dar estabilidade à vida societária.

Daí que a nulidade apenas se aplique a um número muito reduzido de casos, sendo a anulabilidade a regra geral, sujeita a um prazo muito curto. Decorrido o prazo de 30 dias, os vícios ficam sanados e as deliberações deixam de ser inválidas.

De notar que a ação de anulação só pode ser proposta por sócio que não tenha votado favoravelmente a proposta aprovada nem a tenha aprovado posteriormente, expressa ou tacitamente (art. 59º, nº 1). Daí o interesse em fazer constar na ata a posição assumida na assembleia geral bem como o sentido de voto.

Quer a ação de declaração de nulidade quer a ação de anulação são propostas contra a sociedade, não estando condicionadas pela apresentação da respetiva ata. O autor da ação poderá invocar a impossibilidade de a obter e requerer que a sociedade a apresente no prazo de 60 dias (art. 59º, nº 4, e 60º, nºs 1 e 3).

Ambas as ações estão sujeitas a inscrição no registo comercial.

4.5. Suspensão de deliberações sociais

Já vimos, a propósito das associações, que o interessado pode requerer a providência cautelar de suspensão das deliberações sociais. As normas processuais são as mesmas, para as associações e sociedades comerciais, pelo que remetemos para o número 2.1 deste capítulo.

Como refere o acórdão do Supremo Tribunal de Justiça de 27/3/2007,

> "I – A suspensão da execução de deliberações sociais depende da verificação cumulativa dos seguintes requisitos: ser o requerente sócio da sociedade que a tomou, ser essa deliberação contrária à lei ou pacto social e resultar da sua execução dano apreciável.
>
> II – Assim, sendo a não execução da deliberação a suspender um pressuposto necessário da procedência da providência cautelar de suspensão da deliberação social, se esta já se encontra em execução, verifica-se uma impossibilidade da suspensão da sua eficácia.
>
> III – Aderindo-se à tese de que a suspensão de deliberações sociais pode ocorrer enquanto não se esgotarem todos os seus efeitos danosos, a possibilidade de suspensão tem de se verificar enquanto for viável prevenir a lesão de um direito e, nessa medida, a sociedade ou o requerente, continuem a sofrer prejuízos.
>
> IV – Se dos factos não for possível concluir ou ao menos presumir que da execução da deliberação de renovação de um mandato de nomeação de um gerente irá resultar, em termos de probabilidade, qualquer dano para a sociedade, seja ele apreciável ou não, é de inferir liminarmente o requerimento inicial, uma vez que não se mostra suficientemente alegado o "dano apreciável".

4.6. Renovação das deliberações sociais inválidas

Em consagração do princípio da estabilidade das deliberações sociais, o legislador permitiu que uma deliberação social inválida de uma sociedade comercial seja substituída por outra, que não esteja afetada pelo vício anterior e que, assim, tome o seu lugar.

A renovação é possível no caso de deliberações nulas, em que o vício seja a formação de vontade (como a assembleia não convocada).

Também as deliberações anuláveis podem ser substituídas por novas deliberações, sem o vício das anteriores, tudo se passando como se o vício não tivesse existido.

> "I – Com a renovação de uma deliberação social visa-se não apenas substituir a anterior deliberação, mas retomá-la escorreita dos vícios que a inquinavam ou de outros.
>
> II – Uma verdadeira renovação postula que a segunda deliberação tenha um conteúdo idêntico e sem os vícios da primeira, o que só será compaginável com problemas de ordem formal.
>
> III – A modificação do conteúdo tem de se restringir ao estritamente necessário para extirpar a deliberação dos vícios que a inquinam e os efeitos jurídicos da nova deliberação têm de ser os mesmos, sob pena de não se poder falar de renovação da deliberação" (acórdão da Relação do Porto, de 14/2/2007)

Em caso de impugnação de deliberações sociais suscetíveis de renovação, o tribunal poderá conceder, a requerimento da sociedade, um prazo para renovação das deliberações.

5. ADMINISTRAÇÃO PÚBLICA

5.1. Deliberações nulas e anuláveis

As deliberações de órgãos colegiais inválidas podem ser nulas ou anuláveis. Para todos os efeitos, a matéria é tratada como impugnação de atos administrativos.

Os casos de nulidade vêm enunciados, de forma exemplificativa, no art. 161º, nº 2, do CPA (Código do Procedimento Administrativo). É o caso dos atos viciados de usurpação de poder, praticados sob coação física ou coação moral e que careçam absolutamente de forma legal.

São anuláveis os praticados com ofensa dos princípios ou outras normas jurídicas aplicáveis para cuja violação se não preveja outra sanção (art. 163º, nº 1). Deste modo, o critério para determinar o tipo de invalidade (nulidade ou anulabilidade) é semelhante ao que vimos nas sociedades comerciais. Se a lei cominar expressamente a nulidade, a deliberação inválida é nula; caso contrário será anulável.

A deliberação nula não produz quaisquer efeitos jurídicos, independentemente da declaração de nulidade, enquanto a anulável produz efeitos jurídicos, que podem ser anulados, com efeitos retroativos, se vier a ser proferida decisão nesse sentido pelos tribunais administrativos ou pela própria Administração (art. 163º, nº 2).

5.2. Impugnação administrativa

Os interessados têm o direito de impugnar os atos administrativos perante a Administração Pública, solicitando a sua revogação, anulação, modificação ou substituição (art. 184º, nº 1).

A impugnação pode ser baseada não apenas em ilegalidade do ato como na sua inconveniência ou inoportunidade. Estes direitos de impugnação podem ser exercidos por meio de reclamação ou recurso.

A reclamação é dirigida ao autor do ato enquanto o recurso ao mais elevado superior hierárquico. O recurso pode ser hierárquico necessário, quando a sua interposição é condição para a impugnação contenciosa em tribunal, ou facultativo, quando, como o nome indica, não seja obrigatório.

Os prazos são:

Reclamação: 15 dias

Recurso:
- Hierárquico necessário: 30 dias
- Facultativo: o prazo para a impugnação contenciosa da deliberação (três meses)

5.3. Impugnação contenciosa

Enquanto a impugnação administrativa se pode basear na inconveniência ou falta de oportunidade da deliberação, a contenciosa, efetuada perante os tribunais administrativos, tem de se fundamentar na invalidade (nulidade ou anulabilidade). Por isso, o interessado terá de imputar um vício à deliberação em causa, não bastando clamar pela injustiça de que foi vítima.

A ação segue a forma de processo comum, com a tramitação prevista no CPTA (Código de Processo dos Tribunais Administrativos). Terá de ser proposta no prazo de três meses.

5.4. Procedimento cautelar

Os tribunais administrativos são morosos. Ainda mais do que os tribunais judiciais.

Por isso, a lei processual administrativa permite ao interessado lançar mão de procedimento cautelar, nas situações de urgência.

Os arts. 377º e seguintes o CPC (Código de Processo Civil) enunciam o elenco de providências cautelares especificadas (restituição provisória de posse, suspensão de deliberações sociais, alimentos provisórios, arbitramento de reparação provisória, arresto, embargo de obra nova e arrolamento).

Por sua vez, o CPTA, no seu art. 112º, nº 1, contém a formulação genérica da legitimidade para requerer providências cautelares, em processos denominados cautelares, no contencioso administrativo:

> "Quem possua legitimidade para intentar um processo junto dos tribunais administrativos pode solicitar a adoção da providência ou das providências cautelares, antecipatórias ou conservatórias, que se mostrem adequadas a assegurar a utilidade da sentença a proferir nesse processo".

O nº 2 do citado artigo refere que as providências seguem a tramitação prevista no título IV do CPTA, podendo consistir designadamente em:

a) Suspensão da eficácia de ato administrativo ou de uma norma;
b) Admissão provisória em concursos e exames;
c) Atribuição provisória da disponibilidade de um bem;
d) Autorização provisória ao interessado para iniciar ou prosseguir uma atividade ou adotar uma conduta;
e) Regulação provisória de uma situação jurídica, designadamente através da imposição à Administração do pagamento de uma quantia por conta de prestações alegadamente devidas ou a título de reparação provisória;
f) Arresto;

g) Embargo de obra nova;
h) Arrolamento;
i) Intimação para adoção ou abstenção de uma conduta por parte da Administração ou de um particular por alegada violação ou fundado receio de violação do direito administrativo nacional ou do direito da União Europeia.

PARTE IV

DOCUMENTOS DE APOIO

Doc. 1
Convocatória

Nos termos dos Estatutos e do Regulamento Interno, convoco a Assembleia Geral Ordinária da Associação dos Residentes na Baixa de Lisboa para o dia 13 de novembro de 2018, *às 17H30*, a ter lugar na sede da Associação, sita na Rua de Portas de Santo Antão, 23 r/c, em Lisboa, com a seguinte ordem de trabalhos:

- Ponto 1 – Informações
- Ponto 2 – Discussão e aprovação do Orçamento e Plano de Atividades para o ano de 2019.

Na ausência de quórum, a assembleia realizar-se-á às 18,30 h., com qualquer número de sócios.

Lisboa, 23 de Outubro de 2018

O Presidente da Assembleia Geral

Doc. 2

Convocatória (Sociedade anónima)

Convocam-se os Senhores Acionistas da Semprus – Sociedade Gestora de Participações Sociais, S.A., sociedade anónima com o capital aberto ao investimento público, com sede na Rua Paulo Marques, nº 11, na Covilhã para a Assembleia Geral Anual a realizar na sede da Sociedade, no dia 28 de Março de 2018, pelas 17 horas, com a seguinte Ordem de Trabalhos:

1.º – Deliberar sobre o Relatório de Gestão e as contas do exercício relativas ao ano de 2017, bem como sobre o Relatório Consolidado de Gestão e as contas consolidadas relativas ao mesmo exercício;
2.º – Deliberar sobre a proposta de aplicação de resultados;
3.º – Proceder à apreciação geral da administração e fiscalização da Sociedade.

Covilhã, 13 de março de 2018

O Presidente da Assembleia Geral

Doc. 3

Edital (Assembleia de freguesia)

João Paulo da Cruz António, Presidente da Assembleia de Freguesia de xxx, Concelho de xxx, convoca, nos termos do disposto na alínea b), do nº 1 do Artigo 14º da Lei nº 75/2013 de 12 de setembro, para o dia **27 de junho de 2018, pelas 19h30**, no Pavilhão Polivalente, sito na Rua Aquilino Ribeiro, em xxx uma Sessão Ordinária da Assembleia de Freguesia, com a seguinte Ordem de Trabalhos:

PONTO 1 – Aprovação da Ata da 4ª Sessão Ordinária realizada no dia 30 de junho de 2016.
PONTO 2 – Aprovação da Ata da 6ª Sessão Ordinária realizada no dia 29 de dezembro de 2016.
PONTO 3 – Aprovação da Ata da 2ª Sessão Ordinária realizada no dia 30 de junho de 2016.
PONTO 4 – Aprovação da Ata da 1ª Sessão Extraordinária realizada no dia 29 de julho de 2016.
PONTO 5 – Aprovação da Ata da 3ª Sessão Ordinária realizada no dia 29 de setembro de 2016.
PONTO 6 – Alteração ao Acordo de Execução de Delegação de Competências.
PONTO 7 – 2ª Revisão Orçamental.
PONTO 8 – Regulamento de Cedência de Viaturas da Freguesia.

PONTO 9 – Regulamento para a Concessão e Exploração de Quiosque na Via Pública.
PONTO 10 – Gestão Autárquica e Informação Financeira.

Em conformidade com a alínea c), do nº 1 do Artigo 18º do referido diploma, a Junta far-se-á representar obrigatoriamente pelo seu Presidente.

Para constar publica-se este edital que vai ser afixado nos lugares públicos do costume.

Localidade, 17 de junho de 2018

O Presidente da Mesa da Assembleia de Freguesia

JOÃO PAULO DA CRUZ

Doc. 4

Ata
(Deliberação unânime)

Aos trinta de agosto de dois mil e dezoito, pelas dez horas e trinta minutos, ao abrigo do preceituado no artigo 54.º do Código das Sociedades Comerciais, na sua sede social, foi tomada pela acionista única, representada pelo seu Administrador, Senhor Eng. José dos Santos Cabral, que detém a totalidade do capital social da sociedade Prestígio Capital, SGPS, SA pessoa coletiva nº 505951659, com sede em Castelo Branco, na Rua Major Caldas Xavier, nº 10, com o capital social de EUR 1300.000,00 a DELIBERAÇÃO UNÂNIME que a seguir se regista:

Eleição dos seguintes membros dos órgãos sociais da sociedade para o quadriénio 2018/2021:

Para o Conselho de Administração:

Presidente:	xxx
Vogais:	xxx
	xxx
	xxx
	xxx

Os Administradores eleitos estão dispensados de prestar caução para este quadriénio, nos termos do nº 3 do artigo 396.º do Código das Sociedades Comerciais.

Para Fiscal Único

Membro Efetivo	xxx
– Membro Suplente –	

Para a Mesa da Assembleia Geral:

Presidente:	xxx
Secretário	xxx

ALBERTO DOS SANTOS MARQUES

em representação da Prestígio Capital, S.G.P.S., S.A.

Doc. 5
Moção

Por uma gestão intermunicipal da Carris

Considerando que:

1. Através de Decreto-Lei, o Governo decidiu entregar a gestão da Carris à Câmara Municipal de Lisboa, alteração efetivada a 1 de fevereiro de 2017;

2. A Carris é a empresa de transporte coletivo de passageiros do concelho de Lisboa. No entanto, a empresa opera em vários concelhos da área metropolitana, nomeadamente Odivelas, Loures, Amadora, Oeiras e Almada;

3. A passagem da gestão da Carris para a Câmara de Lisboa não obteve qualquer parecer prévio da Autoridade Metropolitana de Lisboa, como informaram os responsáveis pela Comissão Executiva da AML;

4. Os municípios servidos pela Carris também não foram ouvidos durante o processo de transição da empresa do setor empresarial do Estado para a esfera do município de Lisboa;

5. Ao longo dos anos, por várias vezes, as e os eleitos desta Assembleia, em conjunto com as cidadãs e os cidadãos deste concelho, reivindicaram mais e melhores serviços da Carris no concelho. Por exemplo, a 3 de novembro de 2016 a Assembleia Municipal de Odivelas aprovou por unanimidade uma moção apresentada pelo Bloco de Esquerda que defendia a extensão da carreira 206, da rede da madrugada da Carris, até ao centro da cidade;

6. Recentemente, o presidente da Câmara Municipal mostrou-se satisfeito com a solução encontrada para a gestão da empresa, afirmando-se confiante em relação à capacidade da Câmara Municipal de Lisboa assegurar a "qualidade e a eficácia" do serviço público de transportes prestado pela Carris no concelho;

7. À semelhança do que acontece com outros serviços públicos, a garantia de maior qualidade e equidade na prestação do serviço público de transportes está mais perto de ser efetivada sempre que os representantes diretos das populações são responsáveis pela sua gestão;

8. A 25 de fevereiro, a Assembleia da República vai discutir e apreciar o diploma governamental que viabilizou a passagem da Carris para a esfera da Câmara de Lisboa.

Assim, a Assembleia Municipal, reunida em plenário no dia 9 de fevereiro de 2017, delibera:

1. Congratular-se com a opção de manter a Carris na esfera pública;

2. Apelar aos partidos representados na Assembleia da República para que, em conjunto com o Governo, construam uma solução inclusiva dos vários municípios da Área Metropolitana de Lisboa servidos pela Carris;

3. Apelar à Câmara Municipal de Lisboa que todos os municípios servidos pela Carris sejam integrados nos processos de decisão sobre

as grandes opções estratégicas, planos de investimento e definição de redes e tarifário;

4. Recomendar ao executivo municipal, assim como aos restantes municípios servidos pela Carris, que manifestem a intenção clara de participar na gestão da Carris, no sentido de salvaguardar e valorizar os interesses e as necessidades de mobilidade no nosso concelho.

Os proponentes

Doc. 6
Proposta

A visita de António Costa à India como Primeiro Ministro de Portugal, realizada em janeiro do corrente ano, constituiu um marco nas relações entre Portugal e a Índia, reconhecido pelos dois países.

Em Goa, António Costa foi recebido de forma efusiva, como "um filho da terra" e com banhos de multidão, com repetidas referências a seu Pai, o escritor Orlando Costa, que foi sócio ativo da Casa de Goa.

Goa, território distante, foi notícia de primeira página nos órgãos de comunicação social, com as televisões a darem ampla cobertura à visita. Tal permitiu a muitos portugueses ficarem a conhecer Goa. Sendo a divulgação da realidade de Goa um objetivo central da atividade da nossa associação, tudo o que possa contribuir para tornar a Goa de hoje mais conhecida constitui um reforço da nossa atividade e a visita do Primeiro-Ministro foi um excelente espaço para essa divulgação.

Por outro lado, é de elementar justiça reconhecer que António Costa prestou um serviço relevante, contribuindo para projetar a imagem da comunidade goesa em Portugal.

Acresce o facto de, enquanto Presidente da Câmara Municipal de Lisboa, ter sempre incentivado a Casa de Goa e as suas atividades, sem violação do princípio da igualdade no tratamento concedido às associações.

Entende a Direção que António Costa reúne, por conseguinte, as condições para ser sócio honorário da Casa de Goa.

Tendo em consideração o exposto, a Direção da Casa de Goa deliberou, na sua reunião de 4 de março de 2017, propor à Assembleia Geral a concessão da qualidade de sócio honorário a António Costa.

Lisboa, 3 de março de 2017

Doc. 7

Recomendação

Combate à Precariedade na Autarquia

Foi divulgado na sexta-feira, dia 3 de fevereiro de 2017, o Relatório "Levantamento dos instrumentos de contratação de natureza temporária na Administração Pública", desencadeado pelo nº 2 do artigo 19.º da Lei nº 7-A/2016, de 30 de março, que aprovou o Orçamento do Estado para o ano de 2016 (LOE2016), para a prossecução de uma "estratégia plurianual de combate à precariedade" (nº 1 do mesmo artigo). Os dados reportados têm data de referência de 30 de junho de 2016, e respeitam a "instrumentos de contratação utilizados pelos serviços, organismos e entidades da Administração Pública e do Setor Empresarial do Estado, nomeadamente com recurso a Contratos Emprego-Inserção, estágios, bolsas de investigação ou contratos de prestação de serviços" (nº 2 do artigo 19º da LOE 2016). Em Anexo ao Relatório supra, são identificados 8.064 CEI e CEI+ no total dos municípios (12.738 se incluídas todas as instâncias da administração local como freguesias e comunidades intermunicipais), e 194 no setor empresarial local. Excluídos os contratos a termo resolutivo, CEI e CEI+ é de longe a modalidade de vínculo precário mais utilizada na administração local.

Em resposta a perguntas efetuadas pelo grupo municipal do Bloco de Esquerda, o executivo municipal confirmou a existência de vínculos precários na autarquia, tendo sido apontados aproximadamente 25 CEIs na área da educação, mais concretamente em funções de auxiliares de ação educativa.

Mesmo com estas respostas dadas pelo executivo, continuamos sem saber a totalidade de precários diretos e indiretos existentes em serviços municipais atendendo às varias formas de precariedade existentes e referidas no Relatório.

Considerando que:

1. Com a aprovação do Orçamento do Estado para 2016, o Governo devolveu a autonomia e as responsabilidades das autarquias locais no combate à precariedade laboral, através do uso dos seus instrumentos em matéria de recrutamento e gestão de trabalhadores;

2. Os contratos de Emprego-Inserção (CEI e CEI+), muitos Estágios Profissionais na Administração Local (PEPAL), prestações de serviços (quer em regime de avença quer à tarefa), além da prestação de trabalho intermediada por Empresas de Trabalho Temporário e outras subcontratações, correspondem de facto a necessidades permanentes e subordinadas, tratando-se assim de recursos iníquos, indignos, que desrespeitam a vida dos trabalhadores e das trabalhadoras precarizando-a, comprometendo além disso a produtividade de cada um e de cada uma e do serviço público prestado;

Assim, a Assembleia Municipal, reunida em plenário no dia 9 de fevereiro de 2017, recomenda ao Executivo que, no prazo máximo de seis meses:

1. Crie uma comissão, com a participação da autarquia e de representantes dos trabalhadores, que identifique os vínculos atípicos das modalidades de contratação de natureza temporária e quantifique, em cada serviço e organismo, todas as necessidades permanentes preenchidas através destas modalidades precárias de emprego;

2. Reveja o Mapa de Pessoal do município em toda a sua extensão, considerando as reais necessidades permanentes;
3. Promova a integração dos e das precários/as, que se determine respondam a uma necessidade subordinada e permanente, abrindo concursos públicos para a celebração de contratos de trabalho em Funções Públicas por tempo indeterminado, em que a experiência no exercício concreto da função seja um critério majorado.

Enviar a todos os partidos representados na Assembleia da República, CGTP, UGT, Associação de Combate à Precariedade – Precários Inflexíveis e Imprensa.

Os elementos da Assembleia Municipal

Doc. 8

Requerimento

Considerando o período de tempo decorrido e a plena discussão já realizada, requeiro que se passe imediatamente à votação da proposta.

Doc. 9

Declaração de Voto

Votei contra esta moção de reprovação da Europa comunitária, porque, embora tenha consciência das fragilidades da Europa, considero que ela é como a democracia tal como ela existe. Não há alternativa à democracia, apesar de todas as limitações.

Durante muitos anos, durante algumas décadas, pensou-se que havia uma Europa dos trabalhadores, a leste, e uma Europa dos capitalistas, a ocidente.

Só que constatou-se que a "Europa dos trabalhadores" que se julgava existir a leste não passava de uma autêntica ditadura dos partidos únicos que aí oprimiam os povos. A derrocada do Muro de Berlim mostrou precisamente isso. E as eleições que se seguiram mostraram que a democracia apenas surgiu com a saída do poder dos partidos únicos.

Como tal, não havendo alternativa à Europa, urge melhorá-la, aperfeiçoá-la e renová-la, e não estigmatizá-la, como pretende a moção.

Coimbra, 18 de novembro de 2018

O associado nº 501

João Carlos Monteiro

Doc. 10

Protesto

Protesto contra a forma inadmissível como os trabalhos desta assembleia estão a ser conduzidos, sem que se dê a oportunidade dos que estão contra a direção de se pronunciarem, de forma a poderem expor as suas posições. Consequentemente, a assembleia não preenche os requisitos democráticos, pelo que as suas deliberações estão necessariamente inquinadas de ilicitude.

O associado nº 23

Doc. 11

Ata de Assembleia Geral

Aos vinte e sete dias do mês de Março do ano de dois mil e dezassete, no auditório da Associação dos Proprietários de Casas de Turismo Rural, sito na Calçada do Sucesso, nº 14, em Coimbra, estava marcada para as dezassete horas a Assembleia Geral Ordinária com a seguinte ordem de trabalhos:

Ponto único: Discussão e votação do relatório e contas, com o parecer do Conselho Fiscal, relativos ao ano de 2016

Por falta de quórum à hora marcada, estatutariamente, a mesma teve início uma hora mais tarde, às dezoito horas.

À abertura da sessão, o Presidente da mesa da assembleia geral, José Graça, após os cumprimentos dirigidos a todos os presentes, leu a ata nº 57 que foi aprovada por unanimidade.

Ainda antes da entrada na ordem dos trabalhos, não havendo ninguém a opor, o presidente da assembleia inquiriu Carlos Marques, presidente da direção, se desejava dar qualquer informação à Assembleia Geral.

O presidente da direção informou, sucintamente, acerca dos problemas de natureza fiscal que envolvem a associação

Entrou-se de seguida no ponto único da agenda:

Discussão e votação do relatório e contas, com o parecer do Conselho Fiscal, relativos ao ano de 2016.

O Presidente da direção fez um breve resumo das atividades do ano transato.

De seguida a tesoureira Maria de Lurdes Bravo fez uma exposição global acerca do relatório de contas, chamando a atenção para o grande número de associados que não tinham as quotas regularizadas.

Seguidamente, passou-se à votação dos documentos de prestação de contas, que foram aprovados por unanimidade.

Nada mais havendo a tratar, a assembleia foi encerrada pelas 19,35 h e para constar elaborada esta ata que vai assinada pelo presidente e secretário da Mesa da Assembleia.

Coimbra, 27 de março de 2017

BIBLIOGRAFIA ELEMENTAR

1. "Guia das Assembleias Gerais", Roque Laia, Rei dos Livros, 7ª edição, 1980.
2. "Novo Guia de Assembleias Gerais", Rui Valada, Presença, 1997.
3. "Guia Prático das Assembleias Gerais", Angelina Barbosa Leão e Iva Carla Vieira, Almedina, 2ª edição, 2005.

ÍNDICE